JN087167

労働時間管理
の法的対応と実務

Risk management

未払残業代発生防止の
リスクマネジメント

弁護士法人
デイライト法律事務所

西村裕一
鈴木啓太
竹下龍之介 著
勝木 萌

中央経済社

はじめに

　現在，企業のおかれている状況は，極めて不透明で先行きの見えない厳しい状況であるといわざるを得ません。新型コロナウイルスの世界的な流行は治まる気配が見えず，日本では緊急事態宣言による大規模な自粛を受け，一度は落ち着いたように見えたものの，わずか2か月ほどで第二波が到来し，2020年8月に入り，感染者も累計5万人を上回りました。現在は第二波の感染を大幅に上回る第三波の真っ只中であり，2度目の緊急事態宣言が発令されています。

　このような未曾有の状況の中，企業は自社の舵取りを行っていかなければなりませんが，世界中が新型コロナウイルスに対する脅威を目の当たりにしている最中，日本では民法の改正が2020年4月1日に施行されました。現行の民法は明治時代に制定されたものですが，今回の改正は制定以来の大幅な改正といわれています。

　今回の改正の一つに時効のルールの変更があります。これに伴い，企業と従業員の間の賃金に関する時効についても変更することが議論されてきました。労使双方の意見が対立する中で，折衷案として，2年間の消滅時効を当面の間3年間とすることで決定し，すでに2020年4月1日より施行されています。

　したがって，企業としては，今後未払残業代をはじめとする未払賃金請求を従業員から受けた場合のリスクが高まっていくことが予想されます。インターネットの普及に伴い，誰もが多くの情報に接することができる時代ですので，「残業代請求」などで検索すれば，多くのページにアクセスすることができます。

　このような状況においては，適切に従業員の労働時間を管理するという労務マネジメントが非常に重要になってきます。当たり前のことであり，基本的なことなのですが，このマネジメントが難しく，業務量の多さから疎かになったり，不十分になってしまう企業が多いのが現状です。業種や会社規模もさまざまな企業のサポートを顧問弁護士として行っている弁護士として，こうしたマネジメントに対する問題意識を常にもっています。

　今回，こうした問題意識から，多くの企業の方に労働時間管理の法的なルールと実際に問題となりやすい事項，マネジメントのポイントや残業代請求の実務について知っていただき，自社のマネジメントに役立ててほしいという思いで，労働問題に精通する4名の弁護士により執筆をいたしました。

　第1編，第2編では，労働時間についての基本的なルールを解説したうえで，実務上トラブルの多い管理監督者や定額残業制，裁量労働制，フレックスなどの制度についても解説をしております。第3編，第4編では，第1編，第2編を踏まえ，不当な残業代の発生を少しでも抑えるべく，マネジメントや制度導入にあたっての注意点はもちろん，実際に未払残業代を請求された場合の対応方法など実務家の視点で解説しております。

　新型コロナウイルスの流行により，多くの企業が導入し，また導入の検討がなされている在宅勤務についても注意点やマネジメント方法についても言及しております。本書が，一人でも多くの方のお役に立てれば，執筆者としては幸いです。

　最後に，本書については，出版企画のご提案から本書の構成，刊行に至るまで，中央経済社の露本敦さんに多大なるご支援を頂戴いたしました。本書は当初，施行日の2020年4月1日からできるだけ早い時点で刊行させて頂く予定でしたが，新型コロナウイルスの影響で遅れてしまいました。それでも，露本さんのご尽力でこうして本書が無事刊行されることに執筆者を代表して心より感謝申し上げます。

2021年1月

弁護士　西村　裕一

目　次

第1編　労働時間管理の基礎となるルール

第2編　企業が独自に選べる制度

第3編　ポストコロナの労務と労働時間管理

第4編　残業代等の発生を予防する施策

〔**本書所収の書式**〕

労使協定による一斉休憩の適用除外・47

労働条件変更の同意書・99

変形労働時間に関する協定書（1年単位）・109

変形労働時間に関する協定書（1週間単位）・111

残業届・177

注意書・182

一斉休憩の例外を定める労使協定（班別制）・185

一斉休憩の例外を定める労使協定（フレックス制）・186

指導書1（終業時間）・188

指導書2（残業時間）・191

有給休暇管理簿・196

計画年休の労使協定例（一斉休暇）・197

計画年休の労使協定例（班別付与）・198

計画年休の労使協定例（個人別付与）・199

雇用契約書（固定残業手当を導入する場合）・217

内容証明郵便のサンプル・237

労働組合加入通知書・239

団体交渉申入書・240

申告監督による臨検書類・247

〔略語一覧〕

●法令等

労基法	労働基準法
労基則	労働基準法施行規則
労契法	労働契約法
安衛法	労働安全衛生法
安衛法	労働安全衛生法施行規則
賃確法	賃金の支払の確保等に関する法律

＊

厚労告	厚生労働大臣が発する告示
発基	労働基準局関係の事務次官通達
基発	労働基準局長通達
基収	労働基準局長が疑義に答えて発する通達

●判例集

裁集民	最高裁判所裁判集民事
裁時	裁判所時報
判時	判例時報
労判	労働判例
労経速	労働経済判例速報

●書　籍

菅野	菅野和夫『労働法〔第12版〕』（弘文堂・2019年）

第 1 編

労働時間管理の基礎となるルール

労働時間管理の基本

1 求められる法定労働時間と残業上限の遵守

　労働基準法は，労働者保護のため，法定労働時間（労基法32条）及び週休制の原則（同35条）を定め，これを超える労働時間・日の約定を原則無効とし（同13条），これを超えて労働させた場合には刑事罰を科すものとしています（同119条）。一方，使用者の企業経営上の必要性から，例外的に時間外・休日労働をさせることができる規定が定められました（同33条・36条）。

　政府の働き方改革の一環として，長時間労働の是正が挙げられています。2007年度中，労働基準監督署により長時間労働が疑われる2万5676事業所に対する監督指導が行われた結果，そのうち70.3パーセントの1万8061事業場で労働基準関係法令違反が見つかりました。

　さらに，その事業場中，違法な時間外労働があった1万1592事業所について，時間外・休日労働の実績が最も長い労働者の時間数が月80時間を超える事業場が74.1パーセントに上り，そのなかで労働者の時間外労働が月100時間を超える事業場が半数以上を占めています。

　働き方改革における長時間労働の是正は，残業時間の上限を規制することにより，現代社会の労働者の長時間労働による過労死・メンタルヘルス問題やワークライフバランスの改善を図ろうというものです。また，労働者の健康状態やワークライフバランスが改善されることで，労働者の労働意欲や生産性の

向上が見込めることとなり，使用者（企業）側にとってもメリットをもたらすことが期待されています。

　これにより，残業時間の上限について，「月45時間，年360時間を原則とし，臨時で特別な事情がある場合でも年720時間，単月100時間未満（休日労働を含む），複数月平均80時間（休日労働を含む）を限度」とする規制が施行されました（2019年4月より〔中小企業については2020年4月から〕）。

　使用者は，残業時間の上限規制の違反により，罰則（6か月以下の懲役または30万円以下の罰金）を科される恐れがあります＊。この罰則規定の新設は，残業時間に対する規制がより厳格化することで，長時間労働の是正を実効化するという意義が認められるでしょう。

> ＊労基法36条の責任主体となる「使用者」とは，「事業主又は事業の経営担当者その他その事業の労働者に関する事項について，事業主のために行為をするすべての者という」と定義されています。

　この残業時間の上限規制により，使用者（企業）としても，労働者の残業時間の減少への取組みが急務となります。

2　賃金請求権をめぐる時効の延長と実務への影響

(1)　時効の法改正の概要

　労働基準法が改正され，2020年4月より，（未払）賃金請求権の消滅時効が延長されました。改正前労働基準法上，賃金請求権の消滅時効は2年となっていましたが，この改正により消滅時効が5年（当分の間は3年）に変更されました。

　そもそも賃金請求権の消滅時効が改正されることとなったのは，2020年4月1日に施行された改正民法において，使用人の給料などに関する短期消滅時効が廃止されるとともに，一般債権は，①債権者が権利を行使することができると知った時から5年間行使しない場合，または②権利を行使することができる時から10年間行使しない場合，時効により消滅するとされています。そのため，

民法の特別法である労働基準法115条において定められた賃金請求権の消滅時効についても，改正民法とのバランスを考慮され，現行2年を5年に延長するものとされました。

　もっとも，直ちに消滅時効を5年とした場合，労使の権利関係の不安定化を招く恐れがあり，紛争の早期解決・未然防止という時効制度が果たす役割への影響も生じることとなります。そのため，当分の間，現行の労働者名簿などの記録保存義務期間（労基法109条）に合わせて3年の消滅時効期間とするのが適当とされました。

　この労働者名簿などの記録保存義務期間の規定についても，紛争解決や監督上の必要から証拠保存の目的で設けられたものであることを勘案し，賃金請求権の消滅時効期間と同様に改正され，原則5年間としつつ，当分の間は3年とするとされています。

　賃金請求権の消滅時効及び労働者名簿の記録保存義務期間の規定について，改正法の施行から5年経過後の施行状況を勘案し，必要性があると認められれば見直しを図る意向であるとされています。そのため，2020年4月の改正労働基準法の施行より5年経過後から，賃金請求権の消滅時効も5年に変更される可能性があります。

(2)　時効の起算点

　時効の起算点については，改正前の労働基準法の解釈・運用を踏襲して，権利を行使することができる時（客観的起算点）とされています。

　一方，退職手当請求権の消滅時効については，現行の5年間の消滅時効期間が維持されます。年次有給休暇請求権の消滅時効期間についても，労働者の健康保持と心身の疲労回復という制度趣旨より，年休権が発生した年に確実に取

〔図表1　労務をめぐる時効期間等〕

未払賃金請求権	5年（ただし当面は3年）
退職手当請求権	5年
災害補償請求権	2年
年次有給休暇請求権	2年
記録保存義務期間	5年（ただし当面は3年）

得することが要請されることから，現行の２年の消滅時効が維持されます。また，災害補償請求権に関しても，時間の経過とともに，業務場外認定にあたって明らかにする必要のある「業務起因性」の立証が困難となるとされ，同じく現行の２年の消滅時効が維持されます。

(3) 付加金

使用者が，解雇の際の予告手当（労基法20条），休業手当（同26条）もしくは時間外・休日・深夜労働の割増賃金（同37条）の支払義務に違反した場合又は年次有給休暇中の賃金（同39条９項）を支払わなかった場合には，労働者の請求により，裁判所が，それらの規定により使用者が支払わなければならない未払金のほか，これと同一額の付加金の支払いを命ずることができるとされています（同114条）。

この規定の趣旨は，所定の違反に対する一種の制裁として未払金の支払いを確保することや，私人である労働者の権利の実現を促進することで，私人による訴訟の持つ抑止力（使用者による各種規定の遵守）を強化するものであるとされています。

付加金の請求期間については，賃金請求権の消滅時効規定と連動したものと位置づけられています。また，付加金の規定の趣旨が，未払金の支払いを間接的に促す仕組みであることを踏まえると，その裁判上の請求期間は，賃金請求権の消滅時効期間と合わせて変更されることが見込まれます。

3　労基法上の労働時間の考え方

(1) さまざまな労働時間

労働基準法は，労働時間（所定内外），休憩時間，休日（休日労働を含む）について，原則的な基準を設定しており，さらには事業や業務の性質に応じたさまざまな例外や変則的基準を提供しています。

労働時間や休日・休暇は，労働条件として，その制度の枠組みや基準につい

て詳細な規制が存在します。企業の労働時間は，就業規則において，各労働日における所定の労働時間（始業時刻から終業時刻までの時間及びその間の休憩時間）を特定することにより定められ，労働者が使用者により拘束される始業時刻から終業時刻までの時間から休憩時間を除いた時間を所定労働時間といいます。また，労働者の労働義務のない休日も，就業規則において暦の上での週休日や祝日を考慮しつつ定められています＊。

　　＊労基法は，常時10人以上を使用する事業については，所定労働時間・休憩・休日を就業規則の必要的記載事項としています（労基法89条1号）。

　しかし，実際に企業を動かしていくにあたって，労働者の遅刻や早退，欠勤等の事情から定めた所定労働時間のとおりに労働が行われないことがあります。一方，業務の必要性によっては，所定時間外の労働（残業）や所定休日の労働（休日出勤）が行われることもあります。

　そのため，労働基準法は，原則的な労働時間及び例外的ないし変則的基準を定めて，使用者と労働者いずれにも配慮して各企業に応じた労働時間を設定できるようにすべく基準が設定されました。

(2)　法定労働時間

　法定労働時間は，労働時間についての最も基本的な法規制です。これは，1週及び1日の最長労働時間を定めたものですが，労働時間の長さの絶対的な上限ではなく，原則的上限です。すなわち，原則的な上限を超える時間の労働を，一定の要件のもとに許容する例外が存在することになります。

①　1週の法定労働時間

　使用者は，労働者に対して，1週間について40時間を超えて労働させることはできません（労基法32条1項）。しかし，例外として，常時10人未満の労働者を使用する特定の事業者は，その事業の特殊性から，1週間の法定労働時間が特別に44時間とされています（同40条，労基則25条の2第1項）。例外規定に該当する事業者であるかは，事業場単位で判断されます＊。また，労働者数についても，正規・非正規であるかを問わず，その事業場で継続的に勤務している労働者の人数で決定されます。

＊事業場単位が基準となる場合には，その事業場がある程度独立したものである必要があります。事業場の独立性は，場所的な独立性，営業面での独立性，一定程度の労務人事権限があるかを基準として判断されます。

②　1日の法定労働時間

使用者は，労働者に対して，1週間の各日について8時間を超えて労働させることはできません（労基法32条2項）＊。

＊15歳に達した日以後の最初の3月31日までの児童を労働基準監督署長の許可を得て使用する場合において，1日について修学時間を通算して7時間，1週間については通算して40時間が上限となります（労基法60条2項）。

③　1週・1日の意義

1週とは，就業規則その他に別段の定めがない限り，日曜日から土曜日までの暦週をいいます。また，1日とは，0時から24時までの暦日をいいます。2暦日にわたって継続勤務が行われる場合には，1勤務として，勤務の全体が始業時間の属する日の労働として取り扱われることになります。

④　2以上の事業場で労働する場合における労働時間

2以上の事業場で労働する場合には，労働時間は通算して計算をする必要があります（労基法38条1項）。「2以上の事業場で労働する場合」とは，同一使用者の2以上の事業場で労働する場合のみならず，別使用者の事業場で労働する場合も通算することとなります。

〔図表2　週40時間の法定労働時間の例外〕

週44時間の法定労働時間が認められる事業	
商業 （労基法別表1の8号）	物品の販売，配給，保管若しくは賃貸又は理容の事業
映画・演劇業 （同10号）	映画の製作又は映写，演劇その他興業の事業
保健衛生業 （同13号）	病院又は虚弱者の治療，看護その他保健衛生の事業
接客業 （同14号）	旅館，料理店，飲食店，接客業又は娯楽場の事業

⑤　法的効果

　法定労働時間を超えて労働させてはならないという規制（労基法32条1項・2項）は，就業規則において所定労働時間を定める場合や実際の労働時間の制限として作用します。つまり，就業規則に定めた労働時間が1日8時間を超える場合（例：始業午前8時，終業6時，休憩午前12時〜午後1時の労働時間1日9時間）は，最後の1時間の部分が無効となります。

　また，実際の労働時間が法定労働時間を超える場合には，後述の時間外労働の要件を充たさない限り，使用者に罰則の適用があり，労働者に対しても割増賃金の支払義務が生じます。

(3)　適用除外

①　労基法上の労働時間に関する規定が除外される労働者

　「農業，畜産・水産業の事業に従事する者」，「事業の種類にかかわらず監督若しくは管理の地位にある者又は機密の事務を取り扱う者」（いわゆる「管理・監督者」）及び「監視又は断続的労働に従事する者で，使用者が行政官庁の許可を得たもの」には，その事業や業務の特殊性から労基法における労働時間に関する規定が適用されません＊。これは，後述の休憩及び休日に関する規定も同様です。

　　＊適用を除外されるのは労働時間，休憩及び休日に関する規定だけなので，管理・監督者などの適用除外者についても深夜業の規制に関する規定は適用され，深夜業となる場合には割増賃金を支払わなければならないことになります（ことぶき事件：最二小判平成21・2・18労判1000号5頁）。また，年少者については，一定の事業及び業務を除いては深夜業をさせることはできません。

②　農業，畜産・水産業に従事する者

　これらの産業が労基法上の労働時間の適用除外となる理由は，天候や季節等の自然条件に強く影響されるという特殊性のためです。

③　管理・監督者

　管理・監督者は，使用者（経営者）と一体の立場にある者として労務管理を行う地位にあり，労働者の労働時間を決定し，労働時間に従った労働者の作業

を監督する者をいいます。そのため，管理・監督者にあたる場合，労働時間の管理・監督権限の帰結として，自らの労働時間は自らの裁量で調整することができ，管理・監督者の地位に応じた高い待遇を得られるため，労働時間の規制を適用するのが不適当とされています。

　管理・監督者といえるかが争われた事案において，裁判例は，①事業主の経営に関する決定に参画し，労務管理に関する指揮監督権限を認められていること，②自己の出退勤をはじめとする労働時間について裁量権を有していること，③一般の従業員に比しその地位と権限に相応しい賃金（基本給，手当，賞与）上の処遇を与えられているかを，労働者が管理・監督者にあたるかを判断する要件としています。

④　監視・断続的労働者

　「監視労働」とは，一定部署にあって監視することを本来の業務とし，常態として身体又は精神的緊張の少ない労働をいいます。また，「断続的労働」とは，実作業が切れ切れに行われて手待ち時間の多い労働を指し，手待ち時間が実作業時間を超えるか又はそれと等しいことが目安とされています（主に，小中学校の用務員，守衛，高級職員専用自動車運転手，団地管理人，一定要件に該当する隔日勤務のビル警備員などがこれに該当します）。そして，実作業時間の合計が8時間を超える場合には，行政官庁において許可されるべきでないとされています。

　行政官庁の許可は，監視・断続的労働従事者に対する適用除外の効力発生要件であり，これを得ないで監視・断続的労働に従事させ，8時間を超えて労働させた場合は，使用者は法定労働時間違反の責任を負うとともに，時間外労働の割増賃金の支払義務を負うことになります。

(4)　時間外・休日労働

①　「時間外・休日労働」とは

　時間外労働とは，1日又は1週の法定労働時間を超える労働のことをいいます。また，休日労働とは，週休制の法定基準による休日（法定休日）における労働を指します。所定労働時間を超えても法定労働時間の範囲内の残業であっ

たり，週休2日制における1日の休日や週休日でない祝日休日のような法定外休日における労働は，これにあたりません。

②　三六協定による時間外・休日労働

従業員が時間外・休日労働を行うためには，原則として事業場における使用者・労働者間の時間外・休日労働協定，いわゆる三六協定を締結する必要があります。使用者は，事業場の労使協定を締結して，それを行政官庁に届け出た場合は，その協定に定めるところにより労働時間を延長し，休日に労働させることができます〔労基法36条〕。坑内労働その他命令で定める健康上とくに有害な業務の労働時間の延長は，1日について2時間を超えることはできません〔同条6項1号，労基則18条〕）。逆にいえば，三六協定なし又は三六協定に定める限度を超えて時間外・休日労働をさせることはできず，そのような命令は違法行為となり無効です。

(ア) 三六協定の内容　　協定においては，①時間外又は休日の労働をさせる必要のある具体的事由，②業務の種類，③労働者の数，④1日及び1日を超える一定の期間についての延長することができる時間又は労働させることができる休日を定める必要があります。

このうち，④のうち「1日を超える一定の期間」についての「延長することができる時間」については，三六協定による時間外労働として次の上限規制が定められ，この上限を超える残業をすることはできません*。また，月45時間を超える残業が認められるのは，年間で6か月までに制限されています。

　＊残業時間の上限規制に違反した場合，罰則（6か月以下の懲役または30万円以下の罰金）が科されるおそれがあります。

〔図表3　時間外労働時間の上限〕

期間	時間外労働の上限時間	備考
1か月	100時間未満	休日労働を含む。
複数月*	平均80時間以内	休日労働を含む。
1年	720時間以内	

　＊「2か月」「3か月」「4か月」「5か月」「6か月」のすべての期間の平均が80時間以

内である必要があります。

　働き方改革関連法案による上限規制は，2019年4月から施行されていますが，中小企業については2020年4月から施行されました＊。いずれも施行前日までに締結された三六協定については，上限規制を超えるものであっても，経過措置により協定の初日から1年間は引き続き有効と扱われます。なお，新技術・新商品等の研究開発業務については，上限規制の適用が除外されています。

＊建設事業，自動車運転の業務，医師については上限規制の適用が2024年3月31日まで猶予され，猶予後の取扱いはそれぞれ異なります。また，鹿児島県及び沖縄県における砂糖製造業については，同じく2024年3月31日まで時間外労働と休日労働の合計について，月100時間未満，2～6か月平均80時間以内とする規制は適用されません。

(イ) 協定の有効期間　　協定の有効期間については，三六協定内において定める必要がありますが（労基則16条2項），その期間の長さの制限はありません。また，三六協定が労働協約の形式で締結されている場合には，有効期間を定める必要はありません（同条同項）。これは，労働協約による三六協定の有効期間がすでに労組法15条により「3年をこえる有効期間の定をすることができない」として規律されているからです。

　実務上，大部分の三六協定は，1年以内の期間で締結されています。

(ウ) 協定の形式・届出　　三六協定は，必要事項を記載した書面において，使用者及び労働者により締結されることを要します。

　三六協定は労働基準監督署長への届出が必要となります。もっとも，この際に届け出るのは様式第9号という所定書式であり（労基則17条1項），三六協定そのものは保存しておけば問題ありません。また，三六協定と様式第9号を別個に用意しなくとも，様式第9号に所用の事項を記載し，これに労働者代表の押印があれば，その様式自体が三六協定としての効力を生じます。

　三六協定を更新する場合には，使用者と労働者において更新協定を締結して，同様に届け出る必要があります。三六協定に自動更新の定めがある場合には，更新につき，使用者・労働者いずれの側からも異議がなかった事実を証する書面を届け出れば足ります。

③　時間外・休日労働義務の発生する要件

　三六協定の締結及び届出は，使用者に対して法定労働時間と週休制の違反を免れさせる免責的効果を持ちますが，ここの労働者に対して協定上に定められた時間外・休日労働を義務付けるものではありません。個々の労働者の時間外・休日労働義務が発生するためには，三六協定の締結のほか，労働契約上において時間外・休日労働の義務を盛り込む必要があります。

　すなわち，就業規則または労働協約において，業務上の必要があるときは三六協定の範囲内で時間外・休日労働を命じることができる旨の規定が明確に定められている場合は，労働契約上，三六協定の枠内において労働者に時間外・休日労働の義務が生じます。ただし，時間外・休日労働を命じる業務上の必要性が実質的に認められないのであれば，命令は有効とはいえません。また，労働者に時間外・休日労働を行うことができないやむを得ない事由があるときは，その命令が権利の濫用によるものとして無効となり得ます。

④　非常事由による時間外・休日労働

　三六協定による時間外・休日労働のほか，「災害その他避けることのできない事由によって，臨時の必要がある場合」においては，使用者は，行政官庁の許可を受けて，その必要の限度において法定の労働時間を延長し，または法定の休日に労働させることができます（労基法33条1項）*。ただし，事態急迫のために行政官庁の許可を受ける暇がない場合においては，事後に遅滞なく届け出なければなりません（同条1項但書）。この届出があった場合でも，行政官庁は，その労働時間の延長又は休日の労働を不適当と認めるとき，その後に延長した労働時間に相当する休憩や休日を与えるべきことを命ずることができます（同条2項）。

　　＊「許可」（又は事後承認）については，解釈例規により①「単なる業務の繁忙その他これに準じる経営上の必要」は認めない，②「急病，ボイラーの破裂その他，人命又は公益を保護するための必要」は認めること，③「事業の運営を不可能ならしめるような突発的な機械の故障の修理」は認めるが通常予定される部分的な修理・定期的な手入れは認めない，④電圧低下により保安等の必要がある場合は認めることとされています。

4　副業に関する労働時間の考え方

(1)　副業における法定時間外労働と割増賃金

　政府の推進する働き方改革のなかで，2018年1月より「モデル就業規則」が改訂され「許可なく他の会社等の業務に従事しないこと」という規定が削除されたことから，従業員の副業を許容する動きが広まっています。

　しかし，労働者が2以上の事業場で働く場合，労働時間は通算して計算する必要があります（労基法38条1項）。そこで，労働者が使用者の異なる2つの事業場で勤務すること（副業）を認めるにあたり，両事業場での労働時間の合計が法定労働時間を超えた場合に，三六協定や割増賃金の支払義務を負うのはどちらの使用者となるかが問題となります。

　例えば，労働者が同じ日にA社とB社の両方で勤務する場合，A社での所定労働時間が4時間，B社での所定労働時間が5時間であったとすれば，2社における所定労働時間の合計は9時間となり，法定労働時間（8時間）を超過することになります。このように，両者での所定労働時間の合計が法定労働時間を超える場合に，三六協定締結や割増賃金支払義務を負うのは，通常，当該労働者と時間的に後に労働契約を締結した使用者であるとされています（厚生労働省労働基準局編「平成22年度　労働基準法　上巻」530頁）。したがって，このケースにおいて，仮に先に雇用契約を締結したのがA社だとすると，後から労働契約を締結したB社が三六協定締結と割増賃金支払いをする必要があります。

　一方，A社においては，労働者にB社での副業を認めることによって，直ちに三六協定締結や割増賃金支払義務が発生するわけではありません。もっとも，例えばA社が，B社での所定労働時間を含めると法定労働時間を超過することを知りながら，A社での所定労働時間を1時間超過して5時間働かせたというような場合には，A社での1時間分は法定時間外労働に該当することになります。そのため，このような場合には，A社においても三六協定の締結が必要になります。また，労働者がB社において所定労働時間の労働を行い，1日の実労働時間が法定労働時間を超えることになれば，A社は労働者に対し，割増賃

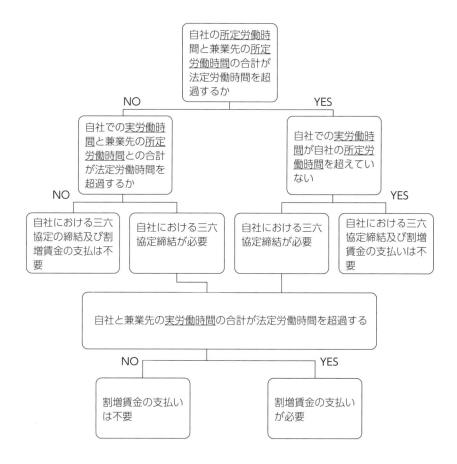

金を支払う必要があります。A社は，労働者のB社における所定労働時間を把握している以上，法定労働時間を上回らないようにする義務が生じるのです。

(2)　長時間労働抑止の観点

　副業については，就業規則上許可制等を採用するなど，一定の規制がされている場合があります。このような兼業禁止は，フルタイムの正社員では原則有効ですが，短時間労働者（パート・アルバイト等）に対しては兼業を認めざるを得ない場合があります。

　しかしながら，近年，長時間労働による健康被害の抑止が社会的要請となっ

ていることから，兼業を認める際には，少なくとも兼業先での所定労働時間を把握したうえで就労させ，当該労働者による過度の長時間労働を防ぐような対応が求められます。

　裁判例においても，兼業による長時間労働を理由とした雇止めが有効とされた例があります（ヤマト運輸事件：東京地判平成19・1・29労判989号89頁）＊。

　　＊有期契約のパート社員が他の2社での勤務を兼業していた結果，1か月350時間にも及ぶ長時間労働をしており，使用者が長時間労働の短縮を求めたものの労働者がこれを聞き入れなかったことから，過度の長時間労働により健康及び安全が損なわれるおそれを理由に雇止めをしたケースにおいて，解雇権濫用法理が類推適用されるとしても権利濫用には該当せず雇止めは有効であるとされた事例（東京地判平成19・1・29労判989号89頁）。

5　時間外・休日・深夜労働の割増賃金

　使用者が，時間外・休日労働の規定によって労働者に時間外労働，休日労働又は深夜労働（午後10時から午前5時まで）をさせた場合においては，その時間・その日の労働について通常の労働時間・労働日の賃金の計算額に一定の割増率を乗じた割増賃金を支払う必要があります（労基法37条）。

〔図表4　時間外労働等の割増率〕

	労働条件	割増率
①	時間外労働（1か月の合計が60時間まで）	1.25倍
②	時間外労働＊ （1か月の合計が60時間を超えた時間外労働が行われた場合の60時間を超える時間外労働）	1.5倍
③	休日労働	1.35倍
④	深夜労働	1.25倍
⑤	時間外労働＋深夜労働	1.5倍
⑥	休日労働＋深夜労働	1.6倍

　＊1か月60時間を超える時間外労働については，通常の割増率（①1.25倍）に付加され

る割増率の部分について，労働者の健康確保の見地から事業場の労使協定で定める場合には，割増賃金の支払いに代えて通常の賃金を支払う休暇（代替休暇）を与えることができる（労基法37条3項）。

　なお，①「家族手当」，「通勤手当」，「別居手当」，「子女教育手当」，「住宅手当」というような労働の内容や量とは無関係な労働者の個人的事情により支給される手当（労基法37条5項，労基則21条本文・1号～3号），②「臨時に支払われた賃金」＊（労基則21条4号），③「1箇月を超える期間ごとに支払われる賃金」（労基則21条5号）は，割増賃金の基礎となる賃金からは除外されるため，割増賃金を計算する際には注意が必要です（労基法37条5項）。

　　＊年度当初に年俸額を決定し，その一部を「賞与」として支払う年俸制においては，当該「賞与」は「臨時に支払われる賃金」とはいえず，割増賃金の算定基礎から除外することはできません。

6　付加金

　使用者が，解雇の際の予告手当（労基法20条），休業手当（同26条）もしくは時間外・休日・深夜労働の割増賃金（同37条）の支払義務に違反した場合または年次有給休暇中の賃金（同39条9項）を支払わなかった場合，裁判所は，労働者の請求により，これらの規定により使用者が支払わなければならない金額についての未払金のほか，これと同一額の付加金の支払いを命ずることができると規定されています（同114条）。

　付加金の支払いについては，裁判所の裁量的命令として規定されています。そのため，付加金支払義務は，裁判所の命令（裁判）があって初めて発生することとなります。すなわち，労基法違反及び労働者の請求により当然に発生するものではなく，裁判所は，使用者による労基法違反の程度・態様，労働者の不利益の性質・内容等諸般の事情に鑑み，支払義務の存否及び金額を決定すべきとされています。したがって，付加金の遅延損害金支払義務についても，裁

判各提示より生じることとなります。

　また，裁判までの間に使用者による違反の状態が除去されれば，裁判所は付加金の支払いを命じることはできません。

7　労働時間をめぐる訴訟－主張立証責任

　裁判上において労働時間が争われる事案は，主に残業代（割増賃金）請求訴訟等の手続が考えられます。割増賃金請求においては，①時間外労働の時間（労働時間）及び②割増賃金算定の基礎となる賃金額の認定が重要となります。①労働時間は，裁判上，労働者側に立証責任（証明しなければならない責任）があります。しかし，労働基準法は，使用者に労務管理を義務付けていること，労働時間に関する資料の多くは使用者側が保持していることが通常となります。

　そこで，使用者側も，原告の労働時間に関する主張に対して，具体的な認否・主張を行う必要が生じます。そのため，割増賃金請求における労働時間の主張立証責任は労働者側にあるとはいえ，使用者側も積極的に証拠に基づいた主張を行うこととなります。

(1)　労働時間該当性

　労働時間の該当性は，労働契約等の定めいかんによらず，労働者が使用者の指揮監督下に置かれているか否かにより客観的に定まるとされています。労働時間は，割増賃金請求の1日ごとの個別具体的な時間を確定していく必要があるため，事実認定が難しく，制服の着用時間や事業所内の仮眠時間，トラック運転手の休憩時間等，さまざまな状況における労働時間該当性が問題となります。

(2)　時間外・休日労働をしたこと

　割増賃金請求において，時間外・休日労働をしたことは，請求側となる労働者において主張立証責任を負います。具体的には，労働者は，割増賃金請求時

間の１日ごとに始業時刻・終業時刻を主張したうえで，そのうち法定外労働時間，法内時間外労働時間，深夜労働時間，休日労働時間を特定して主張する必要があります。これらの労働時間の主張は，実務上，表計算ソフトを利用して行われます。

　使用者は，労働者の労働時間に関する主張に対して，具体的な認否・主張を行う必要があります。例えば，労働者がタイムカードの打刻に基づいて労働時間を算出して割増賃金を請求した場合，使用者としては，タイムカードの記載時刻すべてが労働時間であるかを検討し，休憩時間等がタイムカードの記載時刻に含まれていないなどの事情がある場合には，改めて使用者が算出した労働時間を主張し，その根拠も明確にする必要があります。

　使用者としては，当該労働者が管理監督者であるなどの事情から，そもそも時間外手当が発生しないという主張をする場合であっても，同主張が認められないリスクを踏まえ，労働時間に関する使用者の主張を明らかにしておく必要があります。

(3)　労働時間の算定の基礎となる資料

　労働時間を把握するための資料としては，タイムカード，職場のパソコンのメールやシャットダウンの履歴，労働者作成の業務日報や手帳等，業務報告書のファクシミリ送信日時の記録，警備会社等の鍵授受簿などが考えられます。また，トラック等運転手の時間外手当が問題となるようなケースでは，休憩時間の把握のためにタコメーターが証拠となる場合もあります。こうした資料の証拠価値については，(i)労働時間に関係する時刻が打刻されているものであるか否か，(ii)請求者である労働者本人に関連するものであるか否か，(iii)記録された時刻の正確性などが考慮されます。

①　タイムカード

　タイムカードは，労働時間を把握するために資料として使用される頻度がもっとも高いといえます。千里山生活協同組合事件（大阪地判平成11・5・31労判722号60頁）は，「タイムレコーダーは，その名義人が作動させた場合には，タイムカードに打刻された時刻にその職員が所在したといいうるのであり，通

常，その記載が職員の出勤・退勤時刻を表示するものである。そこで，特段の事情のないかぎり，タイムカードの記載する時刻をもって出勤・退勤の時刻と推認することができ」，「原則として，これによって時間外労働時間を算定するのが合理的である」とされ，「タイムカードに記載された出勤・退勤時刻と就労の始期・終期との間に齟齬があることが証明されないかぎり，タイムカードに記載された出勤・退勤時刻をもって実労働時間を認定するべきである」と判示しています。

　すなわち，タイムカードに打刻されている時間が，労働者の拘束時間であることが事実上推定されるといえます。

②　職場のパソコンのメールやシャットダウン時間履歴

　職場のパソコンのメールやシャットダウン時間履歴については，それが直ちに労働時間に関係する時刻が打刻されているものであるかが問題となります。この点，常時パソコンを利用する職場であれば，そのシャットダウン時間履歴は有力な証拠といえ，メールの送信履歴も，少なくとも労働者本人がその時間まで職場にいたことを示す有力な証拠となります。パソコン関係では，使用者側から，パソコンで業務に関係のないサイトを閲覧していたなどとして，ウェブサイトの閲覧履歴が反証として提出されることがあります。

③　業務日報，手帳等

　労働者作成の業務日報や手帳等については，(ⅰ)労働時間に関係する時刻が記載されているか，(ⅱ)それが記載されているとしても同記載が正確であるかが問題となります。労働者が作成するものであっても，使用者側で管理されており，業務にも直結する業務日報等については，信用性が高い場合が多いです。一方，労働者の作成した手帳等については，それが普段から記載されていたものであるかどうか，そうでなく訴訟等のために作成されたものであるかどうかなどの観点から，その信用性が評価されます。

④　業務報告書のファクシミリ送信日時の記録

　業務報告書のファクシミリ送信日時の記録については，①労働時間に関係す

る時刻が打刻されているものであるか，②記録された時刻の正確性が問題になります。

⑤　警備会社等の鍵授受簿等＊

　警備会社等の鍵授受簿等については，①労働時間に関係する時刻が打刻されているものであるか，②その労働者本人に関連するものであるかが問題となります。電子錠等について社員ごとに異なる番号で警備会社が通信回線により管理していたり，労働者本人が戸締まりをしたと確認できる場合には，退社時間の関係において有力な証拠となり得ます。一方，使用者側が，労働者の主張する終業時刻について，それ以前に機械警備が開始されているから退社済みであるというような反証に利用することもあります。

> ＊警備会社等の鍵授受簿等の資料については，第三者である警備会社等が保管しているため，証拠資料とするにあたり裁判所の調査嘱託や送付嘱託の手続を検討することとなります。

⑷　客観的資料の少ない事案における労働時間の事実認定

　使用者が勤怠管理を行っておらず，労働時間を証明するための客観的資料が少ないため，労働者本人作成の手帳等しか存在しないような場合であっても，時間外・休日労働をした事実について，労働者側に主張立証責任があります。そのような事案では，まず労働者に職場における１日のスケジュールや勤務時間外の実情をできるだけ詳細に主張させ，これに使用者側が反論することで，当事者双方の対立点を明らかにすることとなります。そして，同僚や労働者本人の供述等により，労働者本人が作成した手帳等の信用性を検討していく必要が生じます。

　労働者による割増賃金請求の対象期間中の資料の存在にばらつきがあり，一部期間につき推計によって請求しているような事案では，比較的資料のある月の労働時間を検討して労働者側の推計の相当性を判断する余地があります。また，請求している労働者が多数の場合で，そのうち一部の労働者に関する客観的資料が少なく推計で請求している事案では，資料の存在する労働者の労働時間を検討して推計の相当性を判断することが考えられます。

トラブルになりやすい労働時間の運用

1 始業前準備時間

　労働時間（労基法37条）とは，労働者が使用者の指揮・命令下に拘束されている時間をいいます。そのため，たとえ始業時間前の時間であっても，着替え，用具点検等の準備行為が法令上義務付けられているか，就業規則あるいは業務命令として義務付けられている場合，使用者の指揮命令下において拘束されている時間となるため，労働時間に含める必要があります＊（三菱重工長崎造船所事件：最判平成12・3・9労判778号14頁）。職場慣行として義務あるいは制度化している準備行為も同様です＊＊。

　　＊「労働時間の適正な把握のために使用者が講ずべき措置に関するガイドライン（平成29年1月20日）」の「3　労働時間の考え方」では，使用者の指示により就業を命じられた業務に必要な準備行為（着用を義務付けられた所定の服装への着替え等）や業務終了後の業務に関連した後始末（清掃等）を事業場内において行った時間について，労働時間に含むとしています。
　　＊＊午前8時45分を始業時刻と定めている事業場において，水曜日を除き午前8時から社員全員参加の朝礼を実施し，引き続きミーティングが行われていたというケースにおいて，対象者の始業時間は午前8時であって，以後は会社の指揮命令に属しているとみるのが相当であるとされた裁判例があります（大阪高判平成28・4・15労判1145号82頁）。

(1) 業務命令（明示・黙示）による準備行為

　業務命令による準備行為について，明示の業務命令のみならず，黙示の業務

命令として認められる場合も，当該準備行為の時間は労働時間となります。

　東急電鉄事件（東京地判平成14・2・28労判824号5頁）は，各駅務員と駅務員を監督する立場にある上司が，電車駅務員の始業前点呼について，当日の担当交番・始業時刻・心身の状況・励行事項等を読み上げる等して，当日の勤務内容，心身の異常の有無を確認し，勤務に就く心構えを整えるために行われることから，業務の遂行に必要な準備行為であるとしました。そのうえで，使用者が点呼の実施を指示し，マニュアルを作成，配布して点呼の方法の周知を図って教育指導を行い，これに従わなかったことにより労働者が不昇格の不利益を受けていることから，当該準備行為が使用者により強制，義務付けられた行為であり，その時間は使用者の指揮命令下に置かれたものであると判断しました。

　この裁判例によれば，明示の業務命令がなくとも，使用者が労働者に対して準備行為を行うよう指示し，これに従わない場合に懲戒等のペナルティが生じたり，昇給等の成績考課に反映されているような場合には，実質的には強制されているのと同様であるとして黙示の業務命令による準備行為といえ，労働時間に含まれることとなります。

(2)　業務の性質上不可欠な準備行為

　本来の業務の性質上，一定の準備行為が必要不可欠な場合には，当該行為が業務命令として義務付けられていなくとも使用者の指揮・命令下で行われたものとして，労働時間に含める必要があります。

　もっとも，どのような準備行為が，本来業務を行ううえで性質上必要不可欠であるかの判断に明確な基準はありません。

　一般的には，機械の点検，用具の装着，整備などが「人的な作業準備であって本来の作業に不可欠な活動である」か否かが判断要素となるでしょう。例えば，始業時間には本来作業に従事することが義務付けられているものの，その本来作業を行うには労働者が特定の用具等を装着しなければならないというような場合には，その事前準備は必要不可欠な準備行為といえます。機械の事前点検やウォーミングアップを行わなければならない場合も同様です。

　一方，自主的な機械の点検時間や，義務付けられていない保護具の装着時間については，就業規則や職場慣行，業務命令といえる場合を除けば，原則とし

て労働時間に含まれないこととなります。

　作業着や制服の更衣時間についても，業務の性質上特定の作業服を着衣することが義務付けられていたり，社外での着用が禁止されるために使用者の事業所内で更衣を行うことが必要となるなど，使用者の指揮命令下にある準備行為といえる場合には，労働時間として扱うべきです＊。この点，作業服や制服の更衣時間の取扱いについては，職場慣行に負うところが大きく，個別具体的な判断が必要となります。

　　＊労働者は完全な服装で労務を提供する義務を負いますが，これ自体は労働力の提供ではありません。そのため，使用者の指揮命令下にある作業とはいえず，原則として労働時間には含まれないこととなります。

(3)　準備行為のための労働時間の確保

　用具点検や更衣，清掃等の準備行為は，労働者によって費やす時間は異なります。そのため，常に費やした実労働時間を労働時間として扱うことが合理的とは言えません。したがって，当該準備行為を行ううえで合理的な時間をあらかじめ使用者が定め，当該行為に必要な時間に限って労働時間として扱うことが望ましいといえます。その場合でも，明確に労働時間を管理する観点から，就業規則等で当該準備行為について労働時間として扱う時間を明記するべきです。

2　朝　礼

　従業員の朝礼や準備体操を実施している企業は少なくありません。これらの朝礼や準備体操が，所定労働時間に行われている場合は問題がありませんが，始業時間前に実施されている場合は労働時間該当性が問題となります。

　所定労働時間外に朝礼や準備体操が行われている場合，就業規則等に定められていなくとも，参加しないことで人事考課等の不利益を被るなど実質的に参加が強制されているのであれば，この朝礼や準備体操の時間は労働時間に該当

します。一方，参加が完全に任意である場合には，労働時間とはいえません。

3　懇親会・接待等

---

(1)　会社の社外行事

　労働者が会社の懇親会（飲み会）等の社外行事に参加する場合，これが労働時間に該当するでしょうか。

　労働者が使用者主催の懇親会やゴルフコンペ等の社外行事に参加することは，通常労働契約の内容となっていません。

　裁判例は，使用者が「労務管理上，懇親会等の対内的社外行事を行うことが必要」であると判断し，通常勤務日に参加者を出勤扱いとして行われる社外行事に，労働者が，「事実上，使用者の意向に沿い，これに参加せざるを得ない場合には，当該労働者が世話役，あるいは幹事役でなくとも，事実上従属的労働関係のもとにあ」るとされています（福井労基署長休業補償不支給決定取消事件：名古屋高裁金沢支部判決昭和58・9・21訟月30巻3号552頁）。すなわち，この社外行事が使用者の意向のもとに企画され，その参加が実質的に強制されているといえる場合には，労働者の当該社外行事への参加が業務として労働時間に該当することとなります。

　そのため，会社から懇親会等の社外行事への参加が義務付けられておらず，参加が奨励されている程度であれば，社外行事は労働時間に該当しません。

　一方，使用者の特命により，①宴会の準備を命じられた労働者がその準備をする時間，②労働者が接待や宴会の参加者の送迎のため車を運転する時間，③従業員がゴルフコンペの運営をする時間（スコアの管理，商品の準備など）をしている場合には，例外的に労働時間に該当する余地があります。

　単なる懇親を主とする宴会は，その席において何らかの業務の話題があり，また業務の円滑な運営に寄与するものがあったとしてもその席に出席することは，特命によって宴会の準備等を命ぜられた者，または，出席者の送迎にあたる自動車運転手等のほかは原則としてこれを業務とみることはできない（労働

局裁決昭和45・6・10）。

　懇親会等の会社の社外行事が労働時間に該当するためのハードルは高く，労務管理上のリスクは低いといえます。しかしながら，参加する労働者の心情等としては，相当程度の時間的・心理的拘束を伴います。そのため，使用者側としては，これらの社外行事について，参加が任意であることの周知や頻度としても過度な負担を生じないよう配慮すべきでしょう。

⑵　接　待

　取引先への接待についても，一般的には，それ自体が業務として成立するものではなく，原則として接待に費やした時間が労働時間に該当するものではありません。また，会社が接待費等について経費負担していることを理由に，直ちに業務として評価されるものでもありません（日立製作所・通勤災害事件：東京地判平成21・1・16労判981号51頁）＊。

　　＊当該裁判例において「会議費として認めて経費処理をしたとの点は，会社における会議費処理の運用の問題にすぎず，当該経費をもって，直ちに本件会合が労災保険上の業務であるということはできない」とされています。

　しかし，例えば上司から，特定の取引先を特定の日時に接待するようにと具体的な指示があり，労働者が上司から指示を受けたとおりに接待を遂行するような場合には，接待をすること自体が業務命令となります。そのようなケースでは，接待に要する時間も使用者の指揮命令下にあると解され，労働時間に該当することとなります。

　国・大阪中央労基署長事件（大阪地判平成23・10・26労判1043号67頁）も，裁判所は，「一般的には，接待について，業務との関連性が不明であることが多く，直ちに業務性を肯定することは困難である」としています＊。

　　＊ただし，この裁判例の事案では，個別の事情から業務と接待行為の関連性が認められていて，そのほとんどの部分が業務の延長であったと推認できるとして，その接待にかかる時間を労働時間に含めるべきであると判断されています。

4　教育・研修

　企業によっては，通常の業務時間外に，新入社員等を対象として新人教育を行ったり，従業員向けに研修，勉強会等を行うことがあります。その場合であっても，教育や研修の内容が業務に関連するものであったり，業務命令により参加が強制される場合には，それに参加する時間のみならず，準備に必要な時間についても，労働時間に該当するものと考えられます。

　研修等が，労働者の就労する企業や事業場外での開催（外部研修等）あったとしても，使用者ないし上司からの指示（業務命令）により参加するものである場合には，その目的や内容の如何を問わず当該研修等への参加や準備時間は，労働時間に該当することになるでしょう。

　一方，業務時間外に開催される研修等について，業務との関連性が弱かったり，自主的な研鑽の色合いが強いようなケースにおいて，労働時間該当性が否定された事例があります（残業代等請求事件他2件：長崎地判令和元・5・27労経連2389号3頁。病院側の控訴により福岡高等裁判所に事件係属中のため，現在，判決未確定となっています）。この事案では，死亡した医師が就労期間中に，就労先で開催されていた抄読会に参加し，また学会発表を行うなどしていたと認められるものの，抄読会については，「通常業務が繁忙である場合には中止となることも多く，その内容も英語の論文の要旨を発表するというもので，当該医師が勤務していた心臓血管内科における症例についての検討等を内容とする救命士勉強会及び症例検討会と比較すると，業務との関連性が強いとは認められず，自主的な研さんの色合いが強かったと推認されるから，抄読会の準備時間が労働時間に該当するとはいえない」とされ，学会への参加についても，上司が当該医師に対して学会への参加を提案し，当該医師がこれに応じたという経緯が認められるものの，当該医師が学会で取り扱われる治療法の「習熟に熱心に取り組んでおり，知識の習得に積極的であったと言えることに照らせば，学会への参加は自主研さんの範疇に入るものといえ，学会への参加やその準備に要した時間は労働時間とはいえない」と判断されました。すなわ

ち，業務時間外に行われる研修や勉強会等が，完全なる自己研鑽を目的とするものであり，その参加も任意的なものであるといえるような場合には，これらに対する参加やその準備時間は労働時間とはいえないこととなります。

　教育や研修等の時間が労働時間に該当するか否かについては，労働者の任意性＊や業務関連性，参加の目的等により総合的に判断されることが考えられます。しかし，研修や勉強会等について，労働者が使用者ないし上司からの提案を受けたものであったとしても，立場や労働者の待遇等への影響により提案を断ることができないというような事実上参加が強制されているようなケースでは，実質的に使用者の指揮命令下にあるとして労働時間に該当することになるでしょう。また，研修や勉強会等が自己研鑽目的の建前をとるものであったとしても，当該労働者が就労している企業や事業場等以外ではほぼ活用が見込まれない技術や技能であると評価されるようなケースでは，同様に労働時間に該当するものと考えられます。

　　＊厚生労働省の通達によれば，労働者が使用者の実施する教育に参加することについて，就業規則上の制裁等の不利益取扱いによる出席の強制がなく自由参加のものであれば，時間外労働にはならない（労働基準法の一部を改正する法律の施行に伴う関係通達の改廃について【平成11年3月31日】）とされています。

5　メール・携帯電話の応答

(1)　業務中のメールや携帯電話の応答

　業務中のメールや携帯電話の応答については，それが業務に関連するものであれば当然に労働時間に含まれると考えるべきでしょう。

　一方，私用のメールや携帯電話の応答は，原則として労働時間に該当しないと考えられます。もっとも，私用メールの作成及び送信に要した時間や，携帯電話による通話がどの程度私用によるものであったかについて特定することは困難であり，現実的ではありません。そのため，基本的には労働時間該当性の問題ではなく，服務規程違反による注意・指導や懲戒処分等において検討すべき事項と考えるべきでしょう。

⑵　業務時間外のメールや携帯電話の応答

　労働者が，業務時間外に業務に関連するメールの送信を行っている場合には，使用者の指揮命令下から完全に解放されているとはいえません。そのため，メールを作成した場所が職場の内外であるかを問わず労働時間に該当します。

　また，業務時間外に労働者が業務に関連する通話を行っている場合にも，同様に，労働時間に該当することとなります。

　使用者としては，労務管理上，業務時間外における業務に関連したメールや携帯電話の応答等については業務命令等により禁止すべきでしょう。

6　移動時間

⑴　通勤時間，直行直帰・営業のための移動時間

　通勤時間は，原則として労働時間に該当しません。その理由としては，通勤が，就業場所において労務を提供するための労働者の準備行為であり，その移動時間中は労働者が自由に利用することができる時間であるため，使用者の指揮命令下に置かれているとはいえません。そのため，通勤時間の労働時間性が否定されることとなります。

　自宅から営業先や現場などに直行・直帰する移動時間も，使用者の指揮命令下から完全に解放されて労働者が自由に利用できる時間となるため，通勤時間と同様に労働時間に該当しないこととなります。

　もっとも，移動時間中に上司等と合流して業務の説明や指示を受けたり，打ち合わせを行っていた，単独行動による自由な時間の利用が制限されるというような場合には，労働者が使用者の指揮命令下に置かれていると評価される可能性が高くなります（ただし，上司等と合流した場合であっても，費用の削減目的等による便宜上の乗り合いである場合には，使用者の指揮命令下に置かれているとは言い難いでしょう）。

⑵　出張のための移動時間

　出張のための移動時間であっても，移動時間の労働拘束性の程度は低いとされており，労働時間に該当するとはいえません（横河電機事件：東京地判平成6・9・27労判660号35頁）。これは，使用者が交通費を負担している，あるいは，公共交通機関や時刻を指定さしているなどの事情があっても変わりません。

　もっとも，出張のための移動時間中に物品の監視など別段の指示がある場合の移動時間は，労働時間に該当する余地があります（昭和33・2・13基発90号）。

労働時間と労働災害

1　長時間労働による精神疾患の発症

(1)　長時間労働と精神疾患発症の因果関係

　使用者は，ある労働者について，同じ事業所内での労働者の平均時間外労働時間と比較しても過剰な労働時間とは言えない場合であっても，一定期間における時間外労働時間によって，うつ病等の精神疾患の原因となる長時間労働と判断される可能性があるため，注意が必要です。

　労働契約法では，「使用者は，労働契約に伴い，労働者がその生命，身体等の安全を確保しつつ労働することができるよう，必要な配慮をするものとする」（労契法5条），使用者の安全配慮義務を規定しています。そのため，使用者は労働者に対して過剰な時間外労働をさせることはできません。長時間労働に従事することも，精神疾患発症の原因となりうるからです。

　使用者は，労働者が長時間労働を原因として精神疾患を発症した場合，安全配慮義務違反として損害賠償責任を負担することとなります。電通事件最高裁判決（最判平成12・3・24民集54巻3号1155頁）では，「使用者は，その雇用する労働者に従事させる業務を定めてこれを管理するに際し，業務の遂行に伴う疲労や心理的負荷等が過度に蓄積して労働者の心身の健康を損なうことがないよう注意する義務を負」い，使用者に代わって労働者に対し業務上の指揮監督を行う権限を有する者が，「労働者が恒常的に著しく長時間にわたり業務に従事

していること及びその健康状態が悪化していることを認識しながら，その負担
を軽減させるための措置を採らなかったことにつき過失がある」として，長時
間労働を原因とするうつ病と自殺との因果関係を肯定し，使用者の安全義務違
反による損害賠償責任を認めています。

　裁判所は，出向していた労働者が自殺をした事例において，出向元は，「出
向先・労働者との出向に関する合意で定められた出向元の権限・責任，及び，
労務提供・指揮監督関係の具体的実態等に照らし，出向元における予見可能性
及び回避可能性が肯定できる範囲で，出向労働者が業務遂行に伴う疲労や心理
的負荷等が過度に蓄積して心身の健康を損なうことがないように注意する安全
配慮義務違反を負う」としました。そのうえで，自殺による死亡直前の約2か
月，月172時間及び月186時間の時間外労働に従事していた（休日労働を含む）
が，①出向先企業は労働時間を把握しておらず，出向元企業からも把握しよう
とせず，業務負担軽減措置をとる体制を整えなかったこと，②出向元企業は，
人事部に，長時間労働している出向労働者がいないか報告させたり，出向元企
業の役員がこれを知り得るようにし，役員らが業務負担の軽減措置をとること
ができる体制を整えなかったことがいずれも不法行為にあたると判断されまし
た（損害賠償請求事件：東京地判平成28・3・16判時2314号129頁）。すなわち，労
働者が出向をしている場合でも，出向元企業（使用者）には出向先企業にいる
労働者の労働時間等を把握し，労働者が長時間労働をしている場合には，業務
負担の軽減措置を講ずるなどしてそれを防止する必要があるといえます。

(2) 労働者による自主的な時間外労働

　労災認定における精神疾患の原因となる長時間労働の基準は，時間外労働時
間の量（長さ）という客観的要素を中心に判断されます。したがって，労働者
本人が自主的に時間外労働をしていることは重視されず，使用者の責任が免れ
るわけではありません。前掲電通事件（最判平成12・3・14）においても，客
観的に労働者が明らかに常軌を逸した長時間労働をしている場合，職場の上司
が，その事実及び労働者の健康状態の悪化を認識しながら，その負担を軽減さ
せるような措置をとらず，結果として労働者が精神疾患を発症した場合に，使
用者の過失を認めています。

　したがって，労働者が，精神障害の労災認定の認定基準（心理的負荷の総合
評価「強」）や客観的状況からみて明らかに長時間労働をしていることが判明
した場合，使用者又は使用者に代わって労働者に対し業務上の指揮監督を行う
権限を有する者（上司）は，当該労働者の健康状態に留意して時間外労働を低
減するための措置をとる必要があるでしょう。

(3)　労働者の基礎疾患及び性格による責任の減免の有無

　労働者の業務と精神障害の発症との間に相当因果関係が認められる場合で，
労働者の既往症等の基礎疾患及び性格も発症の一因となっている場合，使用者
の責任が減免されるかが問題となります。この点，労働者が比較的精神障害を
発症しやすい性格であったり，アルコール依存症等の基礎疾患があるからと
いって，労働者の精神障害の発症について必ずしも使用者の責任が減免される
わけではありません。

　業務の負担が過重であることを原因とする損害賠償請求事件において，ある
業務に従事する特定の労働者の性格が同種の業務に従事する労働者の個性の多
様さとして通常想定される範囲を外れるものでない場合には，その性格及びこ
れに基づく業務遂行の態様等を，損害額算定にあたり心理的要因として斟酌す
ることはできないとした判例があります（最判平成12・3・24）。

　一方，業務上の過重負荷と基礎疾患とがともに原因となって従業員が死亡し
た場合において，使用者の不法行為を理由とする損害賠償の額を定めるにあた
り，使用者による過失相殺の主張が認められた事例（NTT東日本事件：最判平
成20・3・27判タ1267号156頁）や，労働者自身の性格や素因から来る心因的要
因（性格等）を斟酌すべきとして使用者の主張する過失相殺を認めた事例（三
洋電機サービス事件：東京高判平成14・7・23労判852号73頁）も存在します。

　もっとも，労働者の基礎疾患や性格が，精神障害の発症の一因となっている
かは個々の事案において検討すべき事項です。長時間労働が現に行われている
場合には，まずは使用者側に責任があると考えて，労働者の健康状態が悪化す
る前から労働時間軽減に向けた措置を講じるべきでしょう。

⑷　使用者による長時間労働の認識

　使用者の労働者に対する安全配慮義務の前提として，使用者が，労働者の長時間労働の事実や健康状態の悪化の事実を認識していた又は認識することができたことが必要となります（予見可能性）。この点，多くの判例は，使用者が健康状態悪化の原因である労働者の長時間労働の実態について認識していれば足り，健康状態の悪化という結果までの予見可能性は要求していません。

　すなわち，使用者が労働者の長時間労働の実態さえ把握していれば，当該労働者の精神障害発症についての予見可能性があったといえるので，安全配慮義務違反を問われる可能性が生じるということです。

2　長時間労働をした労働者に対する医師の面接指導制度

⑴　医師面談制度

　1か月の時間外・休日労働の合計が80時間を超え，かつ疲労の蓄積が認められる労働者の申し出があった場合，使用者は医師による面接指導を実施する必要があります。また，使用者は，労働者が医師による面接指導について確実に申し出られるような環境及び体制づくりが重要となります。これは，時間外労働・休日労働に関する割増賃金を支払っているか否かに何ら関係ありません。

　長時間労働が脳血管疾患及び虚血性心疾患等の発症との関連性を強く有するという医学的知見を踏まえ，脳や心臓疾患の発症を予防するために，月80時間を超える時間外・休日労働を行った労働者に対し，使用者は医師による面接指導を実施することが義務付けられています〔安衛法66条の8，安衛則52条の2〕。ただし，研究開発業務に従事する労働者，高度プロフェッショナル制度の適用を受ける労働者を除きます。これらの労働者は別途，医師による面接指導を受けることとなります）。これにあたり，使用者は，速やかに1か月当たり80時間を超えた労働者の氏名及びその労働者の超えた時間に関する情報を産業医に提供する必要があります（安衛則52条の2第3項）。

　したがって，使用者としては，まず①時間外・休日労働時間の算定をする仕組みを構築し，月80時間を超える時間外・休日労働を行う労働者を把握する必要があります。算定にあたっては，毎月１回以上，一定の期日を定めて行うこととなります（安衛則52条の２第２項）。また，労働安全衛生規則には，労働時間の算定に加えて，労働者の疲労の蓄積についても判断する旨定められています。そのため，労働者に対して，疲労度チェックリストを配布する等の制度作りも必要となります。なお，同規則では，衛生委員会の付議事項として「長時間にわたる労働による労働者の健康障害の防止を図るための対策の樹立に関すること」が挙げられているため（安衛則22条９号），制度構築にあたっては，同委員会で検討することが望ましいでしょう。

　医師による面接指導は，労働者の申出があった場合に遅滞なく行うものとされています（安衛則52条の３第１項・３項）。条文上は，労働者からの申出がない場合，医師面談を行う必要はありません。しかし，労働者からの申告があったときのみ，対策を考えればよいというような受動的な対応は避けるべきでしょう。長時間労働で疲労が蓄積していても，職場に医師面談を申し出る制度が整備されていなかったり，制度が設けられていても形骸化しているような場合には，結果的に本制度の目的である脳や心臓疾患の発症予防には繋がらないこととなります。使用者としては，労働者が確実に医師面談を申し出ることができるような環境，体制整備をすべきです。

　制度構築のみならず，その制度を労働者に周知することも重要であり，労働者が周囲の目を気にせずに申告することができるような環境整備の構築が必要となります。東京都労働相談情報センターでは，申出ルールの例として，①過重労働者全員に「疲労度チェック」を実施させ，該当する労働者全員を申し出があったものとみなして自動的に面接対象者とする，②過重労働者全員に電子メールで毎月産業医面接を受けるよう告知する，③過重労働者かつ面接を受けていない人のリストを作成し，未受診者がいなくなるように定期的に通知を送る等の施策を紹介しています。

　時間外・休日労働に対する割増賃金を支払っていることと本制度とは何ら関係はなく，割増賃金を支払っているからといって，本制度を構築していない義務違反から逃れられるわけではありません。また，本制度は，長時間労働によ

るうつ病等のストレスが関係する精神疾患等の発症の予防対策にもなりうるた
め，メンタルヘルス対策としても有効となります。

(2)　産業医以外の医師との面談

　過重労働者に対する医師面談については，一定の要件を満たせば産業医以外
の医師との面談も認められています。

　通常，面接指導を行う医師は，事業場の産業医が想定されます。産業医は，
その事業場の実情に詳しく，対象者全員に対して面接指導を行うことで，統一
的な指導が期待できるからです。

　しかしながら，労働者が産業医以外のかかりつけ医等の医師による面接指導
を希望する場合も考えられます。このような場合，当該産業医以外の医師が，
面接指導の①実施年月日，②当該労働者の氏名，③面接指導を行った医師の氏
名，④当該労働者の疲労の蓄積の状況，⑤その他当該労働者の心身の状況につ
いて書面で記載し，その書面を事業者に提出することで，産業医による面接指
導に代えて実施することができます（安衛法66条の8第2項，安衛則52条の5各
号）。

　したがって，医師の面接指導が必要な労働者が，使用者の指定した医師が行
う面接指導を受けることを希望せず，他の医師の面接指導を受け，前述の書面
を使用者に提出したときには，使用者の指定した医師の面接指導を受けさせる
必要はなくなります。

(3)　事後措置の実施

　使用者は，過重労働者に医師の面接指導を受けさせた後，遅滞なく面接指導
をした医師から意見を聴取し，面接指導の結果の記録を作成する必要がありま
す（安衛法66条の8第3項・4項，安衛則52条の7）。また，同記録は5年間の保
存義務があります（安衛則52条の6第1項）。さらに，使用者は，面接指導の結
果を受けて，事後措置の実施が義務付けられています（安衛法66条の8第5項）。
事後措置について，具体的には，就業場所の変更や作業の転換，労働時間の短
縮，深夜業の回数の減少，衛生委員会等への報告等の措置が挙げられます。

　使用者は，形式的に医師面談を実施するだけでなく，その結果を踏まえて実

効的な措置を講じなければなりません。この措置を講じなかったことを原因として，労働者の生命及び健康に影響が生じた場合には，使用者の安全配慮義務違反が問われる可能性があります。

3　労働災害認定の成否

(1)　長時間労働による精神障害

①　業務上の疾病

　労働者が精神障害（うつ病や適応障害，ストレス反応等）の精神障害に罹患した場合，当該精神障害が業務上の事由を原因とするもの（業務上の疾病）に該当すると認められれば，労災認定がされます。

　労働災害については，厚生労働省が，平成23年12月に精神障害の労災認定の基準を新たに設定しました（心理的負荷による精神障害の認定基準について【平成23年12月26日】。以下，「平成23年通達」といいます）。労働者の罹患した精神障害が業務上の疾病に該当するか否かは，労働基準監督署長により，平成23年通達を判断基準として認定を行います。労働者が，この基準に該当するような時間外労働等を行い，精神障害を発症した場合にはその心理的負荷が「強」と総合評価され，業務以外の心理的負荷（ストレス）や個体側要因により発症したと認められなければ，労災認定の要件を充足することになります。

　一方，裁判所は，平成23年通達に拘束されるものではありません。しかし，平成23年通達が専門家の検討に基づき作成されたものであることからすれば，労働基準監督署長による労災保険給付の不支給処分取消訴訟が提起された場合や使用者の損害賠償責任を問う際の長時間労働の認定においても一定の合理性が肯定される場合が多いと考えて良いでしょう。

　心理的負荷が原因で発生した精神障害について，平成23年通達が示す労災認定の要件は次のとおりです。

①	対象疾病となる精神障害（国政疾病分類第10回修正版（ICD_10）第Ⅴ章「精神及び行動の障害」に分類される精神障害。ただし，認知症や頭部外傷等による障害及びアルコールや薬物による障害を除く。）を発病していること。
②	発病前おおむね６か月の間に，業務による強い心理的負荷が認められること。
③	業務以外の心理的負荷や個体側要因により発病したとは認められないこと。

　このうち，②の要件（発病前おおむね６か月の間に，業務による強い心理的負荷が認められること）とは，具体的には，平成23年通達の別表Ⅰ「業務による心理的負荷評価表」（以下，「別表Ⅰ」といいます）に従います。発病前おおむね６か月の間に発生した何らかの業務上の出来事について，その出来事後の状況も踏まえて心理的負荷の程度を評価し，心理的負荷の程度が「強」であると判断される場合には，「業務による強い心理的負荷」が存在するものとして要件を満たすとされています。また，発病前おおむね６か月の間に，別表Ⅰに掲げる「特別な出来事」に該当する事実が認められた場合には，かかる業務上の出来事による心理的負荷の程度は「強」と総合評価されます。

〔別表Ⅰ〕

特別な出来事の類型	心理的負荷の総合評価を「強」とするもの
心理的負荷が極度のもの	・生死に関わる，極度の苦痛を伴う，又は永久労働不能となる後遺障害を残す業務上の病気や怪我をした（業務上の傷病により６か月を超えて療養中に症状が急変し極度の苦痛を伴った場合を含む）。 ・業務に関連し，他人を死亡させ，又は生死に関わる重大な怪我を負わせた（故意によるものを除く）。 ・強姦や，本人の意思を抑圧して行われたわいせつ行為などのセクシュアルハラスメントを受けた。 ・その他，上記に準ずる程度の心理的負荷が極度と認められるもの。
極度の長時間労働	発病直前の１か月におおむね160時間を超えるような，又はこれに満たない期間にこれと同程度の（例えば３週間におおむね120時間以上の）時間外労働を行った（休憩時間は少ないが手待ち時間が多い場合等，労働密度が特に低い場合を除く）。

　長時間労働が「特別な出来事」（極度の長時間労働）に該当しない場合で
あっても，長時間労働の継続期間や業務の困難性等を踏まえて，発病前の長時
間労働の心理的負荷の程度が「強」と総合評価されるケースもあります。

精神障害の労災認定の認定基準（心理的負荷の総合評価「強」）	
発病直前の1か月におおむね160時間以上の時間外労働を行っていること（週40時間を超える労働時間を指す。以下同じ）。	業務以外の心理的負荷（ストレス）や精神障害の既往歴やアルコール依存等の個体側要因による発症でないこと。
発病直前の3週間におおむね120時間以上の時間外労働を行っていること。	
発病直前の2か月間連続して1か月当たりおおむね120時間以上の時間外労働を行っていること。	
発病直前の3か月間連続して1か月当たりおおむね100時間以上の時間外労働を行っていること。	
転勤して新たな業務に従事し，その後月100時間程度の時間外労働を行ったこと。	

　これに対し，1か月に80時間程度の時間外労働を行ったにとどまる場合，原
則として心理的負荷の程度は「中」と評価されます。心理的負荷の程度「中」
とは，経験の頻度はさまざまであって，「弱」（日常的に経験するものであって
一般的に弱い心理的負荷しか認められないもの）よりは心理的負荷があるもの
の強い心理的負荷とは認められないものを指します。

　しかしながら，労働時間の長さだけでは「強」の心理的負荷があったと認め
られない場合であっても，達成困難なノルマが課され，ノルマを達成するため
に時間外労働を強いられた場合や，配置転換があり，業務の引き継ぎ等で時間
外労働が増えた場合等，長時間労働以外の出来事と長時間労働とが相まって，
心理的負荷が高く評価されるケースもあります。

　また，具体的な出来事の心理的負荷の程度が労働時間を加味せずに「中」と
評価される場合であっても*，次のような恒常的な長時間労働の実態が併せて

認められる場合には，心理的負荷の程度が「強」と総合評価されることとなります。

＊具体的出来事の心理的負荷の程度「中」の例：配置転換や転勤，達成は容易でないが努力すれば達成可能なノルマを課された場合など。

心理的負荷「中」の具体的な出来事と併せて心理的負荷「強」と評価される長時間労働	
①	出来事の後に恒常的な長時間労働＊が認められる場合。
②	出来事の前に恒常的な長時間労働が認められ，出来事後すぐに（おおむね10日以内に）発病に至っている場合。
④	出来事の前に恒常的な長時間労働が認められ，出来事後すぐに（おおむね10日以内に）発病に至っていないものの，事後対応に多大な労力を費やし，その後発病した場合。

＊長時間労働とは，月100時間程度となる時間外労働を指します。

　さらには，労働時間を加味しなければ，具体的出来事の心理的負荷が「弱」とされる場合＊であっても，出来事の前後両方について，それぞれ恒常的な長時間労働が認められる場合には，心理的負荷の程度が「強」と総合評価されることもあります。

＊具体的出来事の心理的負荷の程度「弱」の例：仕事のペース・活動に変化があった場合や，勤務形態の変化があった場合など。

②　私生活上の心理的負荷を原因とする精神障害の発症

　精神障害を発症するかどうかは，外部からの心理的負荷と，その心理的負荷に対する個人の対応力の強さとの関係により決まるものと考えられています。外部からの心理的負荷としては，仕事によるものだけでなく，私生活での心理的負荷（労働者自身の離婚や病気，家族の病気・死亡，多額の借金，事件・事故の体験，住環境の変化，人間関係のトラブル等）もあり，これらが原因で精神障害が発症することもあります。また，既往症やアルコール障害等の個体側要因が精神障害の発症に影響を及ぼしていることもあります。

　平成23年通達においても，労災認定がされるためには，「業務以外の心理的負荷及び個体側要因により対象疾病を発病したとは認められないこと」が要件

となっています。しかし，業務上の強い心理的負荷が認められる場合には，当該労働者に業務以外の心理的負荷又は個体側要因が認められる場合であっても，業務以外の心理的負荷又は個体側要因によって精神的弛緩が発病したことが医学的に明らかであると判断できない場合には，労災認定がされるものと解されます。業務以外の心理的負荷等がある場合でも，精神障害の発病と業務が無関係であると安易に考えることはできません。

(2)　長時間労働による脳血管疾患及び虚血性心疾患の発症

①　業務上の疾病

　労働者に発症したくも膜下出血・脳梗塞等の脳血管疾患や心筋梗塞等の虚血性心疾患が，労災補償の対象となる「業務上の疾病」に該当するか否かの判断は容易ではありません。これらの疾患は，業務による身体的・精神的負荷だけでなく，加齢，生活環境，食生活，遺伝等によって生じた血管病変等の憎悪により発症に至ります。

　したがって，労働者の発症した脳血管疾患や虚血性心疾患の要因が明らかでないことが往々にしてあるため，厚生労働省労働基準局から「脳血管疾患及び虚血性心疾患等（負傷に起因するものを除く）の認定基準について【平成13年12月12日】」（以下，「平成13年通達」といいます）によりこれらの疾患が業務上の疾病に該当するか否かの認定基準に関する通達が出されています。

　平成13年通達では，脳血管疾患又は虚血性心疾患が業務上の疾病であると認められるためには，業務による明らかな「過重負荷」（医学的経験に照らして，脳・心臓疾患の発症の基礎となる血管病変等をその自然経過を超えて著しく憎悪させることが客観的に認められる負荷）が認められることが必要となります。

業務による明らかな「過重負荷」があると認められる場合	
①	発症直前から前日までの間において発症状態を時間的及び場所的に明確にし得る業務上の異常な出来事に遭遇したこと。
②	発症に近接した時期において，特に過重な業務（「短期間の過重業務」）に就労したこと。
③	発症前の長期間にわたって，著しい疲労の蓄積をもたらす特に過重な業務（「長期間の過重業務」）に就労したこと。

（ア）業務上の異常な出来事　　業務上の異常な出来事とは，①極度の緊張，興奮，恐怖，驚愕等の強度の精神的負荷を引き起こす突発的又は予測困難な異常な事態，②緊急に強度の身体的負荷を強いられる突発的又は予測困難な異常な事態，③急激で激しい作業環境の変化のいずれかに該当する出来事を指します。

　これらが異常な出来事に該当するか否かは，通常の業務遂行過程においては遭遇することがまれな事故又は災害等でその程度が甚大であったか，気温の上昇又は低下等の作業環境の変化が急激で著しいものであったかなどの要素を考慮したうえで，その出来事による身体的・精神的負荷が著しいと認められるかという観点から，客観的かつ総合的に判断されることとなります。

（イ）　短期間の過重業務　　「発症に近接した時期」とは，発症前おおむね１週間をいい，発症直前から前日までの業務が特に過重な業務と認められる場合のみならず，発症前おおむね１週間以内に継続している業務が特に過重な業務であると認められる場合にも，業務との関連性が認められることとなります。

　業務の過重性は，業務量，業務内容，作業環境等を考慮し，同僚の労働者又は同種の労働者（同程度の年齢，経験等を有する健康な者のほか，基礎疾患を有していたとしても日常業務を支障なく遂行できる者）を判断基準として，長時間労働や不規則な勤務，拘束時間の長い勤務，出張の多い業務，交替制勤務・深夜勤務，精神的緊張を伴う業務の有無・内容等から判断されます。

　これらの判断要素のなかでも，長時間労働は重視されており，使用者としても労務管理の観点から配慮すべきでしょう。

（ウ）長期間の過重業務　　「発症前の長期間」とは，発症前おおむね６か月間を指します。

　著しい疲労の蓄積をもたらす特に過重な業務に就労したか否かを判断するにあたっては，短期間の過重業務と同様に，長時間労働や不規則な勤務，拘束時間の長い勤務，出張の多い業務，交替制勤務・深夜勤務，精神的緊張を伴う業務の有無・内容等を考慮する必要があるとされています。

　とりわけ長時間労働については，労働時間が長ければ長いほど，疲労が蓄

積して業務の過重性が増すと考えられており，長期間の業務の過重性を判断
するにあたっては，労働時間と疾病発症との関連性について，次のような指
標が示されています。

長時間労働と疾病発症の関連性の指標	
①	発症前1〜6か月間平均で月45時間以内の時間外労働は，発症との関連性が弱い。
②	月45時間を超えて時間外労働時間が長くなるほど，業務と発症の関連性は徐々に強まる。
③	発症前1か月間に100時間を超える時間外労働又は発症前2〜6か月間にわたる月80時間を超える時間外労働は，発症との関連性が強い。

　長時間労働が長期にわたり続いていることによる疲労の蓄積を理由として疾
病の業務起因性を肯定した判例は少なくありません。使用者が労務管理を行う
にあたり，中・長期的な視点から，労働者の疲労の蓄積を防ぐような労働時間
の管理が必要になります。

②　使用者がとるべき対応
　労災認定と使用者の損害賠償責任は，成立要件が異なります。そのため，労
災認定されたからといって，直ちに使用者の損害賠償責任が肯定されるもので
はありません。
　しかしながら，長時間労働を原因とする精神障害について労災認定されるよ
うなケースであれば，使用者が労働者より損害賠償請求をされるリスクが生じ
ます。使用者は，労災防止及び損害賠償請求リスクの両方の観点から，平成23
年通達や平成13年通達に示される労働時間数を踏まえて，労働者の労働時間を
管理すべきでしょう。

休憩時間

1 労基法上の休憩時間の考え方

　労基法は，1日の労働時間が6時間を超える場合には45分以上，8時間を超える場合には1時間以上の休憩時間を労働時間の途中に一斉に与えるべきこと（労基法34条1項・2項）を定めています。ここでいう労働時間というのは，実労働時間の意味で，労働者が使用者の指揮命令に従って実際に労働している時間（したがって始業・終業の準備時間や待機時間も含みます）をいいます。

　休憩時間について，労基法は定義をしていませんが，行政解釈によれば，「休憩時間とは単に作業に従事しない手待時間を含まず労働者が権利として労働から離れることを保障されている時間の意であって，その他の拘束時間は労働時間として取扱うこと。」（昭和22・9・13発基17号）とされています。

　また，休憩時間は労働者の自由に利用させるべきこと（労基法34条3項）を規定しています。

　以上が原則ですが，法は，休憩時間付与の例外も定めています。

　それが，①管理監督者，機密事務取扱者や②監視又は断続的労働に従事する労働者で労働基準監督署長の許可を受けた者についての適用除外になります（労基法41条2号・3号）。

　さらに，次の業種についても休憩時間付与の例外とされています（労基法41条1号・40条1項，労基則32条）。

③　農業に従事するもの

④　畜産，養蚕又は水産の事業

⑤　列車，電車，自動車，船舶又は航空機に乗務する乗務員で，長距離にわたり継続して勤務する者

⑥　屋内勤務者30人未満の郵便局で，郵便の業務に従事する者

⑦　⑤の乗務員のうち長距離にわたり継続して乗務しない乗務員で，勤務時間中の停車時間，折返しによる待ち合わせ時間，その他の時間の合計が労基法34条1項に規定する休憩時間に相当する者

　これらの労働者や業種に該当する場合には，休憩を与えることができなかったとしても労基法違反の問題は生じません。

　なお休憩時間付与義務違反の効果としては，罰則規定があり，使用者は，6か月以下の懲役又は30万円以下の罰金に処せられる可能性があります（労基法119条1号）。

　以下では，実務に役立つ知識という観点から，①休憩時間の長さ，及び②いつ与えるべきか，③休憩についての労働法上の原則，④その他休憩に関する実務上の諸問題という観点から，それぞれ解説していきたいと思います。

⑴　休憩時間の長さについて

　よく誤解されており，企業の担当者の方からも質問されることもあるのですが，8時間労働の場合には休憩は45分を付与すれば労基法には反しません。

　例えば，午前9時が始業で午後6時が終業，休憩1時間という会社は多いと思います。この場合，労働時間は8時間です。したがって，労基法の観点からは，休憩を1時間を付与する必要はなく45分で足ります。

　余談ですが，裁判所（職員）の休憩時間は45分ですが，これが民間の会社だったとしても所定労働時間（契約で定められた労働時間のことをいいます）が8時間を超えていなければ，45分で良いということになるわけです。

　以上のとおりなのですが，8時間労働の会社で休憩を45分とした制度設計をする場合，1点だけ注意してください。それは，残業が発生する場合には休憩時間を1時間にしなければならないという点です。

　残業により労働時間が1分でも発生すると，労働時間が8時間を超える場合にあたるため，休憩時間を1時間付与する必要があります。したがって，残りの15分については，別途休憩を与える必要があります。なお，休憩を分割付与しうることについては，後述2の「(5)　分割した休憩を与えようとするとき」をご参照ください。

(2)　休憩時間をいつ与えるべきか

　休憩時間は，「労働時間の途中に与えなければならない。」（労基法34条1項）とされています。

　企業の担当者の方から，「途中って具体的にはいつ与えればいいんでしょうか？」と質問されることがありますが，答えとしては，労働時間の途中で与える以上，途中のどの段階でもかまいません。

　休憩時間の分割も制限がないため，例えば，1時間の休憩を30分ずつに分けて付与ということも可能です。

　さらに，一定の位置で付与しなければならないわけではないため，例えば月曜日は12時～13時，火曜日は13時～14時という設定の仕方も可能です。

(3)　休憩についての労働法上の原則

①　一斉付与の原則とその例外

(ア)　原則　　労基法34条2項は，事業場ごとに「休憩時間は，一斉に与えなければならない。」と規定しています。

　その趣旨は，休憩時間の効果を上げること及び使用者にとっての休憩時間の監督の便宜という点にあります。

　休憩時間の一斉付与義務に違反した場合，使用者は，6か月以下の懲役又は30万円以下の罰金に処せられる可能性があるため（労基法119条1号），安易に個別に付与するという判断は危険です。

　個別に付与する場合には，以下で解説する例外要件を満たすかをきちんと確認しましょう。

（イ）例外その１－法定の適用除外　　以下の事業については，いずれも公衆を直接相手とする業態であり，その性質上，一斉付与が困難であることから，休憩時間の一斉付与原則が適用されません。

　労基法40条１項，労基則31条がそれを定めています。

---

① 道路，鉄道，軌道，索道，船舶又は航空機による旅客又は貨物の運送の事業
② 物品の販売，配給，保管若しくは賃貸又は理容の事業
③ 金融，保険，媒介，周旋，集金，案内又は広告の事業
④ 映画の製作又は映写，演劇その他興行の事業
⑤ 郵便，信書便又は電気通信の事業
⑥ 病者又は虚弱者の治療，看護その他保健衛生の事業
⑦ 旅館，料理店，飲食店，接客業又は娯楽場の事業
⑧ 官公署の事業

　これらの業種においては，一斉付与の必要はありません。ただし，休憩時間に関する事項は就業規則の必要的記載事項（労基法89条１号）になりますので，休憩時間を一斉に付与しない場合でも，休憩時間の交代制の仕組みなどの休憩時間の与え方については，就業規則に具体的に定めておかなければならないので，注意しましょう。

（ウ）例外その２－労使協定による適用除外　　前述のとおり，法が休憩時間の一斉付与を原則とした趣旨は，休憩時間の効果を上げること及び休憩時間の監督の便宜です。

　もっとも，従業員ごとにばらばらに休憩を付与した方が，仕事全体がストップするわけではないため，かえって効果が上がるし，人数がそれほど多くないから監督の便宜も支障にならないという会社もあると思います。

　また，現実的に，昼休みも電話番がいなければ機会ロスにつながるなど，会社の業績に影響を及ぼすということで，一斉に付与しない現実の必要性がある会社もあることでしょう。

　そのような場合も，事業場の全従業員に一斉に付与しなければならないの

でしょうか。

　この点，そのような場合を踏まえ，労基法34条2項は，適用除外を設けています。すなわち，「ただし，当該事業場に，労働者の過半数で組織する労働組合がある場合においてはその労働組合，労働者の過半数で組織する労働組合がない場合においては労働者の過半数を代表する者との書面による協定があるときは，この限りでない。」と規定しています。

　そのため，労使協定を締結すれば，一斉付与しなくてもかまいません。

　この労使協定については，労働基準監督署への届出は不要です。

　では，労使協定にはどのような事項を定めれば良いのでしょうか。

　この点については，労基則15条が，①一斉に休憩を与えない労働者の範囲及び②当該労働者に対する休憩の与え方を定めるべき旨を規定しています。

〔書式1　労使協定による一斉休憩の適用除外〕

一斉休憩の適用除外に関する協定書

　○○株式会社と○○株式会社従業員代表△△は，一斉休憩の除外につき，次のとおり協定する。

（対象従業員）

第1条　本協定は，全従業員に適用する。

（休憩の交替制）

第2条　従業員を早番と遅番の2組に分け，交替で次の時間を休憩時間とする。

　　早番：午前12時から午後1時まで

　　遅番：午後1時から午後2時まで

2　前項の規定にかかわらず，業務上の必要がある場合には，休憩時間の時間帯を変更することがある。

（有効期間）

第3条　本協定の有効期間は，○年○月○日から○年○月○日までの1年間とする。

2　本協定の期間満了の1ヵ月前までに双方から変更の申し出がない場合には，更に1年間延長するものとし，以降も同様とする。

　　　年　月　日

　　　　　　　　　　　　　　　○○株式会社
　　　　　　　　　　　　　　　代表取締役　□□　印
　　　　　　　　　　　　　　　従業員代表　△△　印

②　休憩時間自由利用の原則

(ア) 原則　　休憩時間の定義は，労働者が労働時間の途中において休息のために労働から完全に解放されることが保障されている時間のことをいいます。

その帰結として，休憩時間の使い方は労働者が自由に決めることができなければなりません。

そのため，労基法34条3項は「使用者は，第1項の休憩時間を自由に利用させなければならない。」と定め，休憩時間自由利用の原則を規定しているのです。

当然のことのように思われるかもしれませんが，あえて労基法が休憩時間の自由利用の原則を規定したのは，戦時中の就業規則には休憩時間中に指揮者の定めるところに従い体操を行うべき旨を規定するものが多かったという歴史的な背景があります。しかし，体操で気分転換になる者もいれば，かえって体操で疲れてしまう者もいたと思われます。この点，労働者の疲労を回復するには，労働者を自由に休憩させることが必要と考えられたため，規定が設けられたようです。

会社は，従業員に対して，休憩時間中の行動を制約することはできません。例えば，たとえ従業員のためになることであっても，「資格をとれば手当が付与されるのだから，業務に必要な資格試験の勉強をしなさい。」等と指定することはできないのです。なお，休憩室で自由に休憩させつつも，「来客

対応があった場合はお願いね。」等といって対応させるのも，休憩時間自由利用の原則に反し許されません。

　もっとも，自由利用といっても，使用者の一般的な管理権に基づく適法な規制に服することにはなります。最高裁（最判昭和49・11・29裁集民113号235頁）は，駐留軍の基地内における労働者の大会や示威運動等を禁止する基地司令官の命令について，「一般に労働者は，休憩時間中といえども，その勤務する事業所又は事務所内における行動については，使用者の有する右事業所等の一般的な管理権に基づく適法な規制に服さなければならない。」としたうえで，禁止命令によっても労働者の休憩時間中における個人的な行動の自由は格別制約されていないとして，労基法34条3項に反するものではないとしています。

（イ）外出の制限　　休憩時間中は，外出も原則としては自由にさせなければなりません。ただし，合理的な理由があれば，届出制や（許可基準を客観的に定めたうえでの）許可制にすることは可能です。

　以下，休憩時間中の外出の制限について，詳しく解説します。

（ウ）外出の制限の適用除外　　次の職種に該当する労働者については，休憩時間の自由利用の原則が適用されません（労基則33条1項）。

　したがって，外出の制限は可能です。

---

①　警察官，消防吏員，常勤の消防団員，准救急隊員及び児童自立支援施設に勤務する職員で児童と起居をともにする者

②　乳児院，児童養護施設及び障害児入所施設に勤務する職員で児童と起居をともにする者

③　児童福祉法第6条の3第11項に規定する居宅訪問型保育事業に使用される労働者のうち，家庭的保育者（同条第9項第1号に規定する家庭的保育者をいう。以下この号において同じ。）として保育を行う者（同一の居宅において，一の児童に対して複数の家庭的保育者が同時に保育を行う場合を除く。）

　なお，②の場合には，使用者は，その員数，収容する児童数及び勤務の態様についてあらかじめ労働基準監督署長の許可を受けなければなりません（労基

則33条2項）。

（エ）外出の許可制や届出制の採用　休憩時間中は，就労義務こそありませんが，始業から終業までの拘束時間中の時間ですから，使用者による一定の拘束はやむを得ません。そのため，行政通達も，休憩時間の利用について事業場の規律保持上，必要な制限を加えることは，休憩の目的を損なわない限り差し支えないとされています。

　この観点から，外出を許可制とすることも，事業場内において自由に休息しうる場合には，労基法34条3項に反しないと考えられています。

　ここでいう，自由に休息しうる場合とは，休息に必要な場所や施設がある場合をいいます。

　とはいえ，市街地から離れた郊外の工場等で，休憩室や社員食堂などが完備されたような事業場であれば別として，都市部のオフィスワークにおいては，休憩時間中に近くのコンビニで昼食を買ったり，外食をしたりということは当然のように行われており，そのような都市部のオフィスにおいては外出を認めないという点は合理的な理由がないとして不法行為（民法709条）となり，慰謝料が発生する可能性もあります。

　このように，休憩時間中の外出の制限（許可制や届出制とすること）は，職場規律の保持に必要な限度でのみ認められるものであることに注意しましょう。

　なお，届出制よりも許可制の方が制限の度合いが強いため，合理的な理由がより厳格に判断されることになるでしょう。労務管理上は，許可制ではなく，届出制とした方が無難です。

2　事例でみる休憩時間

　この項では，筆者が会社から実際に休憩時間にまつわる相談を受けていて感じた実務上問題になりやすい事例について，参考になる判例・裁判例にも触れつつ，どのように対処すればコンプライアンスの観点から問題がない対応とな

るかを解説したいと思います。

(1)　休憩時間中に来客対応や電話当番を命じるときの留意点

　休憩時間中に来客対応や電話当番を命じたいというニーズもあるでしょう。この点については，一斉付与の原則の項でも軽く触れましたが，より詳しく解説していきたいと思います。

　まずは前提知識から復習しましょう。

　労基法上，休憩時間においては，労働者が権利として労働から離れることが保障されていなければなりません。逆にいうと，労働から解放されることが保障されていないと休憩時間とはいえず，労働時間に該当します。

　休憩時間に来客対応や電話当番を命じる場合，これはいわゆる手待時間にあたり，労働から解放されていることが保障されているとはいえません。そのため，手待時間は，休憩時間ではなく労働時間です。したがって，適用除外の要件を満たさない場合に，来客対応や電話当番を命じると，休憩付与義務違反になります。

　昼休みの時間帯にはめったに来客や電話がないからといって，「来客があったら対応お願いね。」「電話があったら対応お願いね。」等と安易にお願いしてしまうと，その時間が手待時間として労働時間にカウントされてしまい，休憩付与義務に反し不法行為として慰謝料の対象となりうるとともに未払残業代が請求されかねませんので注意してください。

　では，来客対応や電話当番を命じても休憩付与義務違反にならない場合というのはどのような場合でしょうか。以下で解説いたします。

①　労基法41条に基づく適用除外

　(ⅰ)管理監督者，(ⅱ)機密事務取扱者，(ⅲ)監視又は断続的労働に従事する労働者については休憩時間の適用除外になります（労基法41条2号・3号）。そのため，これらの者については，就業規則上の休憩時間に，来客対応や電話当番を命じても休憩付与義務違反にはなりません。

　なお，(ⅲ)監視又は断続的労働に従事する労働者について適用除外とするためには，労働基準監督署長の許可を受ける必要があるので注意しましょう。

② 労使協定の締結による休憩の一斉付与義務の解除

　①の適用除外にあたらない場合には，原則として休憩時間中に来客対応や電話当番を命じた場合には，別に休憩時間を付与することが必要です（なお，飲食業等，例外として法により一斉付与義務が解除されている業種があります。その業種については，一斉付与原則の項をご参照ください）。

　そうなると，休憩時間が人によってバラバラになってしまうという点で，休憩時間の一斉付与の原則（労基法34条2項）に反するという問題が生じます。そのため，一斉付与義務を解除するための手続が必要になります。

　その手続が，労使協定の締結になります。労基法34条2項但書は，「ただし，当該事業場に，労働者の過半数で組織する労働組合がある場合においてはその労働組合，労働者の過半数で組織する労働組合がない場合においては労働者の過半数を代表する者との書面による協定があるときは，この限りでない。」として，労使協定の締結による一斉付与義務の解除を認めています。

③ 関連する裁判例

　休憩時間中に来客対応や電話当番を命じる場合に問題となるのは，休憩時間と労働時間の区別という点です。実際に会社の担当者からの相談を受けていても，「対応することもあまりなく，また，対応時間も数分で終わるのですが，それでも休憩時間中にさせてはダメなんでしょうか？」という質問を受けることがあります。これまでの解説をお読みいただければわかるとおり，「対応をさせる以上は休憩時間と評価されず，別に休憩時間を与える必要があります。その場合には一斉付与の原則に反するため，労使協定を交わす必要があります。」というのが答えです。

　この項では，より理解を深めるために，休憩時間と労働時間の区別という点が問題となった判例・裁判例をご紹介いたします。

　(i) 〔すし屋の従業員の手待時間〕客が来店した場合には直ちに業務に従事しなければならないとされていたことから，休憩時間ではなく労働時間に該当するとした事例（すし処「杉」事件：大阪地判昭和56・3・24労経速1091号3頁）。

　(ii) 〔観光バスの運転手の駐停車時間〕客とのスケジュールの確認，車両の

清掃，点検等運転以外の付随的作業を行う必要があり，また，いつでも運行できるように待機する必要があったことから，休憩時間ではなく労働時間に該当するとした事例（大阪淡路交通事件：大阪地判昭和57・3・29労判386号16頁）。

(ⅲ)　〔**仮眠時間**〕労働契約上の役務の提供が義務付けられていると評価される場合には，労働からの解放が保障されているとはいえず，休憩時間ではなく労働時間にあたるとした事例（大星ビル管理事件：最判平成14・2・28労判822号5頁）。

(ⅳ)　〔**病院の警備業務にあたっていた警備員の仮眠・休憩時間**〕当該時間中に実作業に従事することが制度上義務付けられていたとはいえず，少なくとも仮眠・休憩時間中に実作業に従事しなければならない必要性が皆無に等しい実態にあったとして，仮眠・休憩時間は労働時間にあたらないとされた事例（ビソー工業事件：仙台高判平成25・2・13労判1113号57頁）。

(ⅴ)　〔**市営バスの乗務員の調整時間**〕調整時間中であっても乗客の有無や周囲の道路状況等を踏まえ，適切なタイミングでバスを移動する準備をしておかなくてはならず，バス移動業務がない転回場所やバス移動業務後には実作業が特になければ休憩することができるが，バスを離れて自由に行動することはまでは許されておらず，一定の場所的拘束性を受けたうえ，いつ現れるか分からない乗客に対して適切な対応をすることができるような体制を整えておくことが求められていたものであるから，乗務員らは，待機時間中といえども，労働からの解放が保障された状態になく，使用者の指揮命令下に置かれているというべきであるとして，転回時間であるか待機時間であるかを問わず，調整時間のすべて，休憩時間ではなく労基法上の労働時間にあたるとされた事例（北九州市営バス事件：福岡地判平成27・5・20労判1124号23頁）。

(2)　自動車利用者に休憩時間を取らせるときの留意点

①　自動車利用者の休憩時間把握について

　運送業等，自動車利用者が従業員にいる会社の担当者の方から，「どのように休憩時間を管理すれば良いでしょうか。」という相談を受けることがありま

す。

　確かに，その業務の性質上，事業場外で休憩時間をとることが多く，上司が自動車運転者の休憩時間の取得状況を現認して把握することが困難です。

　実際，休憩時間を把握する方法としては，自動車運転者に日報などで自己申告させるほかないことが多いようです。しかし，始業時刻，終業時刻については日報に記入する自動車運転者であっても，休憩時間を記入する必要性についての理解が不十分だったり，休憩時間の記入を面倒がりわざと記入しなかったりすることが多発しているようです。

　しかし，その状態を放置すると，残業代請求を受けた場合に，自動車運転者が何時から何時まで休憩時間を取得したのかの立証が困難になり，会社にとって不利になります。休憩時間を正確に日報に記載しない自動車運転者を放置すると，そのようなリスクが具現化してしまう日が来てしまうでしょう。

　休憩時間を記入しないという事態を容認することはできない旨を何度も繰り返し伝えて指導することが重要です。それでもサボるようなことがあれば，始末書を書かせ，けん責等（比較的軽め）の懲戒処分も検討すべきでしょう。

②　手待時間は休憩時間と評価されないことに注意

　自動車利用者の場合，待機のような手待時間が発生することが多いです。そのため，私が相談を受けていても，会社によっては，待機のような手待時間に「仕事が発生した場合のみ指示するから，それ以外は自由に過ごして良いよ。」等と従業員に言ったうえで，待機時間のうち実際に仕事が発生していない時間は自由に過ごせたのだから，休憩時間と評価すべきだと考える方もいらっしゃいます。

　しかし，それは独自の解釈ということになり，法的には誤りです。そのような会社の担当者の方は，今すぐ意識を改めましょう。

　「仕事が発生した場合のみ指示するから，それ以外は自由に過ごして良いよ。」ということは，逆に言えば，指示があればすぐに仕事ができるように待機していなければならないということです。

　この点，判例（大星ビル管理事件：最判平成14・2・28労判822号5頁）は，実作業に従事していない仮眠時間が休憩といえるかについて，「労働者が実作業

に従事していないというだけでは，使用者の指揮命令下から離脱しているということはできず，当該労働時間に労働者が労働から離れることを保障されていて初めて」休憩時間と評価できるとしていることに鑑みると，手待時間は労働時間となります。

　手待時間を休憩時間として日報に記載するような指示は，くれぐれも行わないようにしてください。本来，休憩時間とすべきでない労働時間を休憩時間とすると，未払残業代が発生し，訴訟に発展することも考えられますし，訴訟で裁判所が悪質性が高いと判断すると付加金という一種の制裁が課されることがあります（労基法114条）。

③　関連する裁判例

　自動車利用者の休憩時間が争われた比較的近時の裁判例として，バスの乗務員の待機時間は休憩時間といえるか労働時間なのかが争われた事例があるためご紹介いたします。

　1つ目は，バスの乗務員の待機時間について，労働時間と判断された事例です。

　この事例の市営バスの乗務員の待機時間は，比較的自由に行動できるとはいえ，バスから離れて自由に行動することまで許されているものではありませんでした。すなわち，一定の場所的な拘束性があるといえます。また，この事例では，いつ現れるか分からない乗客に対して適切な対応をとることができるような体制をとっておくように求められていました。そのため，待機時間は，休憩時間ではなく労働時間と判断されました。

　2つ目は，同じくバスの乗務員の待機時間について，休憩時間とされた事例です。

　この事例のバスの乗務員は，待機時間に休憩をとることが可能であったのみならず，休憩中にバスを離れて自販機等に買い物に行くことも許容されていたこと，乗務員は休憩中を理由に乗客対応を断ることが認められていたことから，待機時間中の労働からの解放が保障されていたとして，待機時間は労働時間ではなく休憩時間と判断されました。

　このように，一口に自動車利用者の待機時間といえど，制度設計によっては

労働時間と評価されたり，休憩時間と評価されたりします。待機時間を休憩時間としたいのであれば，会社はきちんとした制度設計を行うことが重要です。ポイントは，待機時間中の労働からの解放が保障されているといえる制度になっているかどうかです。該当の会社の担当者の方は，自社の制度を見直してみましょう。

(i)　本事例の市営バスの乗務員は，調整時間中であっても乗客の有無や周囲の道路状況等を踏まえ適切なタイミングでバスを移動する準備をしておかなければならず，バス移動業務がない転回場所やバス移動業務後には実作業が特になければ休憩することができた。しかし，バスを離れて自由に行動することまでは許されておらず，一定の場所的拘束性を受けたうえ，いつ現れる分からない乗客に対して適切な対応をすることができるような体制を整えておくことが求められていた。これらの点から，乗務員らは，待機時間中といえども，労働からの解放が保障された状態にはなく，使用者の指揮命令下に置かれているというべきであるとして，転回時間であるか待機時間であるかを問わずすべてが労基法上の労働時間に該当するとされた事例（北九州市営バス事件：福岡地判平成27・5・20労判1124号23頁）。

(ii)　本事例のバスの乗務員は，待機時間中，実際に自由にバスを離れて休憩を取れるようになっていた。また，乗務員は，休憩中であることを理由に乗客対応を断ることや貴重品や忘れ物をバス車内に置いてバスを離れることを認めていた。これらの点から，乗務員は待機時間中は労働からの解放が保障された状態にあり，使用者の指揮命令下にあるとはいえないとして，労基法上の労働時間には該当しないとされた事例（南海バス事件：大阪高判平成29・9・26日労経速2351号3頁）。

(3)　育児時間の請求があったとき

　近時は，子連れ出勤を認める会社も増えています。政府が，平成31年に，少子化対策の一環として子連れ出勤を後押しする考えを表明し予算を割当て，子育てと仕事の両立を図る職場環境づくりを広めるため，自治体がモデル事業をする時の費用やその成果を普及啓発する事業を対象に補助率を引き上げる方針を示し，それを後押ししています。

　しかし，子連れ出勤となると，特に乳幼児に関してはどうしても授乳等の育児時間が必要となります。

　そこで，この項では，実際に，育児時間の請求があったときに，どのように対処すればよいのかを解説いたします。

(ア) 生後満１歳未満の子を育てる女性からの育児時間の請求があった場合　　労基法67条１項は，「生後満１年に達しない生児を育てる女性は，第34条の休憩時間のほか，１日２回各々少なくとも30分，その生児を育てるための時間を請求することができる。」と定め，２項では「使用者は，前項の育児時間中は，その女性を使用してはならない。」と定めています。

　これは，強行法規です。したがって，就業規則で育児時間の取得を制限したり，請求権を放棄するなどの個別の合意は労基法に抵触して無効ということになりますので，注意してください。仮に，個別の合意書を交わしたとしても，その合意書は無効であり，該当の女性従業員は育児時間を請求できます。

　では，当該女性従業員から，育児時間の要求があったにもかかわらず認めなかった場合はどうなるのでしょうか。

　これについては，労基法に罰則の規定があります。具体的には，育児時間を与えなかった会社には，６か月以下の懲役又は30万円以下の罰金（労基法119条１号）が課される可能性があるので注意しましょう。

(イ) 具体的な付与方法　　労基法は，67条１項に基づく育児時間についていつ与えるかまでは定めていません。付与する時間帯については，基本的に当事者間に任されています。

　実務上は，午前と午後に１回ずつ，または，勤務時間の始めと終わりの各30分とあらかじめ定める例が多くみられます。

　この取り決め自体は有効ですが，行政通達によれば，当該女性従業員が自由に決めることができ，育児の時間を勤務時間の前後に設定した場合でもその請求の時間に労働者を働かせることは労基法67条に反するとされています。したがって，時間を指定して取り決めたとしても，当該女性従業員が育児時間を請求し，その請求に合理性がある場合には，時間の変更を認めた方が無難でしょう。

　なお，繁忙期で人手不足などの会社側の都合で，育児時間の取得を拒んだ
り暇な時間帯に取得するように指定したりできるのでしょうか。

　この点，労基法39条5項但書は，年休について，「請求された時季に有給
休暇を与えることが事業の正常な運営を妨げる場合」に限り，会社に対し時
季変更権（要するに従業員が年休を希望した日を会社が会社側の都合で一方
的に変更するという権利）が認められています。しかし，育児時間について
はそのような会社の対抗手段は認められていません。したがって，会社が業
務繁忙等を理由に育児時間の取得を拒むことは労基法違反となり許されませ
ん。

⑷　休憩時間中にビラ配布行為が行われたとき

①　休憩時間中のビラ配布を就業規則で許可制とできるか

　休憩時間中のビラ配布を禁止することは，そもそも許されるのでしょうか。

　というのも，休憩時間については，自由利用の原則（労基法34条3項）があ
るため，ビラ配布を禁止するとその原則に抵触するのではないかと思えるため，
問題となります。

　この点，いくら休憩時間の自由利用の原則があるとはいえ，それはあくまで
も始業から終業までのいわゆる拘束時間中の時間です。したがって，そのこと
に起因する一定の制約に服することはやむを得ません。

　行政解釈も，休憩時間の利用について事業場の規律保持上必要な制限を加え
ることは，休憩も目的を損なわない限り差し支えない旨を定めています。

　判例上も，「局所内において……ビラ配布等を行うことは，休憩時間中で
あっても，局所内の施設の管理を妨げるおそれがあり，更に，他の職員の休憩
時間の自由利用を妨げ，ひいてはその後の作業能率を低下させるおそれがあつ
て，その内容いかんによつては企業の運営に支障をきたし企業秩序を乱すおそ
れがある。」として，休憩時間中にビラ配布等を行うにつき管理責任者の事前
の許可を要するとする就業規則の規定は，休憩時間の自由利用に対する合理的
な制約であり有効としています（目黒電報電話局事件：最判昭和52・12・13労判
287号26頁）。

　すなわち，休憩時間の自由利用の原則といえども，合理的な制約には服する

ことになります。

　とはいえ，同判例は，「形式的に右規定に違反するようにみえる場合であっても，実質的に…秩序風紀を乱すおそれのない特別の事情が認められるときには，右規定の違反になるとはいえないと解するのが相当」という判断枠組みも示していますので注意してください。

　休憩時間中のビラ配布を許可制とする就業規則の規定の趣旨は，職場内の秩序風紀の維持にあります。とすると，その趣旨に反しないビラ配布は許可なく認めて良いという帰結になるわけです。

　実際，目黒電報電話局事件では，許可を得ていないビラ配布行為が就業規則違反と認められましたが，明治乳業事件（最判昭和58・11・1労判417号21頁）では，就業規則で禁止されたビラ配布行為にあたらないとして許可なきビラ配布を就業規則違反とは認めませんでした。

②　許可制の会社での無許可のビラ配布への実務的対応

　では，許可制にもかかわらず，無許可かつ企業秩序を乱すおそれがある態様でビラ配布が行われた場合，会社としてはどのように対処すべきでしょうか。

　会社が当該従業員にペナルティを与える方法として懲戒処分を課すことが考えられます。

　もっとも，懲戒処分を有効に行うには，あらかじめ就業規則において懲戒の種類及び事由を定めておくことを要します。その就業規則は，内容を労働者に周知させておかなければなりませんのでその点もご注意ください。さらに，それだけでは懲戒処分は当然には有効になりません。懲戒処分を有効に行うためには労働契約法15条の要請を満たす必要があります。労働契約法15条は「客観的に合理的な理由を欠き，社会通念上相当であると認められない場合は，その権利を濫用したものとして，当該懲戒は，無効とする。」と規定しています。懲戒処分の効力が争われると，会社側で，就業規則にある合理的な懲戒事由に該当する客観的な事実（従業員の非違行為）が存在し，かつ，当該非違行為の背信性，会社側に与えるダメージ等に鑑み，使用者が選択した懲戒処分が重きに失しないことを立証する必要があります。

　以上をまとめますと，許可制にもかかわらず無許可でビラ配布が行われた場

合，まずは，企業秩序を乱す態様かをチェックしましょう。企業秩序を乱すといえる場合には，その従業員は就業規則違反を行っていることになります。注意してもやめない場合には，懲戒処分を検討しましょう。その際には，その処分の有効性が争われたとしても有効といえるように，①ビラ配布の態様，②目的，③それによって会社側に生じた不利益の内容・程度等を可能な限り具体的かつ客観的に記録しておき，合理性及び相当性が主張できるようにしましょう。

③　関連する裁判例

前述のとおり，無許可のビラ配布であっても，就業規則違反とした判例（目黒電報電話局事件）と就業規則違反にはならないとした判例（明治乳業事件）がありますので，判断が分かれたポイントを解説したいと思います。以下の判例から，裁判所は，ビラ配布行為の態様や，その記載内容，職場に与えた影響を考慮し，企業内の秩序を乱すかどうかを重要な判断基準としていることがわかります。

（ⅰ）目黒電報電話局事件（最判昭和52・12・13労判287号26頁）

　目黒電報電話局事件では，①上司の適法な命令に抗議する目的でされた行動であったこと，②その内容においても上司の適法な命令に抗議し，また，職場内の政治活動，プレートの着用等違法な行為をあおることを含むものであったことから，企業内の秩序風紀を乱すビラ配布とされ，就業規則違反が認められました。その結果，戒告処分は有効とされました。

（ⅱ）明治乳業事件（最判昭和58・11・1労判417号21頁）

　明治乳業事件では，①食事中の労働者数人に１枚ずつ平穏に手渡し，他は食卓上に静かに置くという方法で行われたものであり，②労働者が本件ビラを受け取るかどうかは全くの各人の自由に任され，それを閲読するかあるいは廃棄するかも各人の自由に任されていたこと，③配布に要した時間も数分であったこと等から，企業内の秩序風紀を乱すビラ配布ではないとして，就業規則違反は認められませんでした。

(5)　分割した休憩を与えようとするとき

会社の担当者から，「うちの会社は，お昼時が比較的忙しいので，昼食時に

30分，残りの30分を夕方に与えるという制度設計を行いたいのですが，それは可能なのでしょうか？　労基法に反したりしないでしょうか？」という質問を受けることがあります。

　この項では，休憩を分割して与えることの是非を検討したいと思います。

①　休憩の分割付与が労基法に反しないか

　そもそも休憩時間を分割して与えることは可能なのでしょうか。

　この点，労基法は，6時間を超えて働かせる場合に45分，8時間を超えて働かせる場合に1時間の休憩を，途中で与えなければならないという旨は規定しています（34条1項）が，分割してはならないという旨の規定はありません。法解釈のうえでも，休憩時間を一括継続して与えることまでも要求するものではないとされています。

　したがって，休憩時間を分割して付与しても，その合計時間が45分あるいは1時間以上という労基法の基準に達していれば，適法です。

　分割の回数や長さに制限はありません。しかし，例えば，30分ずつ2回に分けての付与等，常識的な範囲にしておくほうが無難でしょう。例えば，1時間の休憩を5分ずつ12回に分けて付与する等という場合，労働から解放されていたと評価されず手待時間として休憩時間ではなく労働時間としてカウントされてしまうかもしれませんので，注意してください。

②　休憩を始業前・終業時に接着して付与することの是非

　会社の担当者から，「業務効率化の観点から，休憩を終業時間直前に与えてそのまま帰ってもらうということはできるのでしょうか？」と質問を受けることがありますので，この点について解説いたします。

　結論からいえば，それは労基法に反するため，できません。

　それは，労基法34条1項を参照するとわかります。労基法34条1項は，休憩時間を「労働時間の途中に」与えなければならないと定めています。

　この点，休憩時間を始業・終業時刻と接着して付与しても，「労働時間の途中」に付与したことにはなりません。

　したがって，休憩時間はあくまでも労働時間の途中に与える必要があるので

注意しましょう。

　なお，遅刻した従業員に対して，休憩時間をその分減らすというペナルティを与えてしまうと労基法違反になりますので注意してください。具体的には，所定労働時間7時間の会社で，昼休みが連続45分という制度設計の会社があるとします。その場合に15分遅刻してきた従業員に対して，その従業員の昼休みを30分にするとはいえないわけです。なぜなら，その従業員は6時間45分は働くことになるため，会社は，労基法上，45分は休憩を付与しなければならないからです。

　遅刻への対処の方法としては，ノーワークノーペイの原則に基づき，遅刻した分の賃金の減額をするという対処になります。

③　その他の留意点

　休憩の分割付与を行っても，労基法34条1項には反しないことは前述したとおりです。

　しかし，労基法15条の労働条件の明示義務に違反してしまうことがあるので，採用時には分割付与の制度設計となっている旨を明示しておきましょう。

　特に現在の日本では，昼食時間帯に1時間程度の休憩時間があるのが当たり前という考え方が，社会通念上，広く認識されているところがあります。

　そのため，いくら労基法が分割付与を認めているといっても，休憩が分割され30分程度の休憩しかとれないという場合には，採用時の労働条件の明示義務に違反するとして争われてしまう可能性があります。

　そのリスクを排除するためにも，分割休憩が制度化しているのであれば，採用時にその旨を明示しておきましょう。募集要項など，書面で残しておき，証拠化しておくことが無難です。

⑹　喫煙休憩

①　喫煙時間は労働時間か休憩時間か

　会社の担当者の方から「うちの会社の従業員に，頻繁に喫煙休憩にいく者がいるのですが，労働していないのだからその分の賃金を控除したいくらいなのですが，そのようなことはできますか？」という質問を受けることがあります。

　そこで，この項では喫煙休憩の問題について解説いたします。

　喫煙時間は労働時間ではないとして，賃金を控除することができるのでしょうか。

　結論からいうと，賃金の控除は慎重になった方が良いでしょう。ポイントは，喫煙時間が労働からの解放が保障されており休憩時間（＝労働時間ではない）と評価されるかどうかです。

　この点，裁判例も結論が分かれていますが，喫煙時間が労働からの解放といえるかが判断のポイントになっています。

　すなわち，国・北大阪労基署長（マルシェ）事件（大阪高判平成21・8・25労判990号30頁）は，喫煙時間を手待時間であり，労働時間と判断しました。他方，泉レストラン事件（東京地判平成29・9・26労経速2333号23頁）は，喫煙時間は使用者の指揮命令下から脱していたとして，休憩時間と判断しました。より詳しくは，後述の「関連する裁判例」の項をご参照ください。

②　喫煙時間を休憩と評価する場合に会社がとるべき具体的な措置について

　喫煙時間が，会社の指揮命令下になく，労働から解放されている場合，休憩時間として扱うことは可能です。

　休憩時間として扱う以上，使用者は，労働時間と区別して休憩時間を管理しなければなりません。

　具体的には，例えば，喫煙室への入退室の時間を記録させるようにしましょう。

　平成29年1月20日に厚生労働省から出された「労働時間の適正な把握のために使用者が講ずべき措置に関するガイドライン」には，使用者は労働時間を適正に把握するなど労働時間を適切に管理する責務を有している旨の記載があります。

　喫煙時間を休憩時間として賃金控除を検討しているのであれば，会社としても従業員の喫煙時間をきちんと管理する体制を整えましょう。

③　関連する裁判例

　(ⅰ)　国・北大阪労基署長（マルシェ）事件（大阪高判平成21・8・25労判990

号30頁）

　従業員の喫煙が休憩時間となるかが争われた事例で，大阪高裁は，「本件店舗内の更衣室兼倉庫において喫煙する程度であって，アルバイトだけでは対応できない場合は，直ちに対応しなければならなかったのであるから，このような実労働に従事していない時間も，手待ち時間であって，休憩時間とみることはできない。」として，喫煙時間を労働時間と判断しています。

⑪　泉レストラン事件（東京地判平成29・9・26労経速2333号23頁）

　同じく従業員の喫煙が休憩時間となるかが争われた事例で，東京地裁は，「所定勤務時間中に，1日，4，5回以上，勤務していた店舗を出て，所定の喫煙場所まで行って喫煙していたこと，原告ら（※従業員）は喫煙のために一度店舗を出ると，戻るまでに10分前後を要していたことが多かったことが認められる。……喫煙場所が勤務店舗から離れていることや喫煙のための時間を考慮すると，原告らが喫煙場所までの往復に要する時間及び喫煙している時間は，被告の指揮命令下から脱していたと評価するのが相当」として，喫煙時間を休憩時間と判断しています。

休日・振替休日・代休

1　労基法上の休日概念

---

(1)　法定休日と法定外休日

「休日」とは，労働者が労働契約において労働義務を負わない日のことをいいます。

労基法35条は，第1項で「使用者は，労働者に対して，毎週少くとも1回の休日を与えなければならない。」としています。

この規定に基づき，労働者に保障される休日のことを「法定休日」といいます。

他方，現在は，週休2日の会社も多いでしょう。このように，契約によって，法定休日を超え付与されている休日のことを「法定外休日」といいます。

法定休日に従業員に仕事をさせる場合には，労基法41条の管理監督者等を除けば，労基法36条の定める労使協定（いわゆる三六協定）の締結と労働基準監督署長への届出が必要になります。

また，法定休日の場合には，会社が支払う割増賃金の率も変わります。すなわち，法定休日の場合には割増率は3割5分と設定されています（労基法37条1項・2項，割増賃金率令）が，法定外休日においては，通常の時間外労働についての2割5分以上の割増率（労基法37条1項・2項，割増賃金率令）で構わないとされています。

　例えば，一般的に，労働契約上，土日が休日の会社があるとします。では，土曜日と日曜日のどちらが法定休日で，どちらが法定外休日なのでしょうか。

　労基法の「1週間」は，暦週である必要はないとされていますが，特に労働契約等で定めがない場合には暦週によるとされています。そして，法定休日となるのは，その週の最後に予定された休日であるとしています。

　したがって，土日休みの会社は，個別の定めがある場合は別として，原則として週の初日である日曜日に付与される休日は法定外休日で，週の最後である土曜日に付与される休日が法定休日となります。

　このように，法定休日と法定外休日では，従業員に仕事をさせる場合にとるべき三六協定等の手続や割増賃金率が異なるため，区別は重要です。

　したがって，週休2日制をとる会社では，法定休日と法定外休日の区別を就業規則等で明確にしておきましょう。

　仮に，三六協定等の手続をとらずに，従業員を法定休日に働かせたとなると，労基法35条違反ということになり，6か月以下の懲役又は30万円以下の罰金に処せられるため，注意しましょう（労基法119条）。

(2)　労基法33条の例外

　労基法33条は，「災害その他避けることのできない事由によって，臨時の必要がある場合」には，法定時間を超えてかつ法定休日に労働させることができる旨を定めています。

　しかし，「災害その他避けることができない事由」は厳格に解釈されています。すなわち，災害というのは，その会社で通常発生しうる事故は含まれず，天災事変その他これに準ずるものと考えられています。また，「その他避けることができない事由」とは，業務運営上通常予想し得ない事由がある場合をいうものと解すべきとされています。

　要するに，「時間外労働又は法定休日労働の協定を結んだり，要員の配置等によって所定の労働時間内で処理することができなくても，それは会社に非はないよね。」という場合の適用除外です。

　したがって，単なる業務の繁忙や経営上の必要はこれに当たらないとされています。

　顧客トラブルが発生したからといって，労基法33条に基づき，時間外労働，法定休日労働をさせることはできませんので注意しましょう。

　顧客トラブルは予測可能であるため，三六協定等の所定の手続をとることが求められます。繰り返しになりますが，手続面の不備で，労基法35条違反となった場合には，6か月以下の懲役又は30万円以下の罰金に処せられる可能性があります。

　不測の事態に備えて，手続面の整備を怠らないようにしましょう。

(3) 法定休日に労働させる場合の手続の整備

　では，法定休日に労働させる場合，どのように手続を整備すれば良いのでしょうか。三六協定だけで良いのでしょうか。この項では，会社の担当者からよく受ける質問について解説いたします。

① 三六協定と免罰的効力

　まず，三六協定の締結及び届出は，法定時間外・法定休日労働を労基法に対する関係で適法に行うための要件です。したがって，三六協定により法定時間外・法定休日労働の上限時間・上限日数が決まり，それを超える法定時間外・法定休日労働を行わせれば，労基法32条・35条違反になります。

　なお，平成31年4月1日より，三六協定で定めた上限の範囲であっても，①1か月の時間外労働と休日労働時間を合算した値は100時間未満でなけれならず，②三六協定に定めた対象期間の初日から1か月ごとに区分した各期間に当該各機関の直前の1か月，2か月，3か月，4か月，5か月の期間を加えたそれぞれの期間における時間外時間と休日労働時間を合算した値の平均は，80時間を超えてはならないこととされました（労基法36条6項）。

〔図表5　労基法36条6項：時間外労働の実時間数の上限〕

```
1か月の時間外労働と休日労働⇒MAX100時間未満
and
当該月＋1 or 2 or…5か月前の月（複数月）の時間外労働と休日労働の平均
⇒80時間以下
```

例)
時間外労働，休日労働の合計が
　1月　90時間
　2月　75時間
　3月　95時間
　4月　70時間
　5月　85時間
　6月　80時間
⇒MAXが100時間未満ではあるものの，平均が82.5時間になり，80時間を超え
　るため，労基法36条6項違反

　三六協定の効果ですが，これは，会社が時間外労働，法定休日労働をさせた
としても労基法上の罰は与えないという効果（免罰的効果）にとどまります。
したがって，三六協定を締結しただけで，労働者に対して法定時間外・法定休
日労働に服すべき民事上の義務を負わせるものではありませんので，会社が従
業員に対して，「三六協定を締結しているから，時間外で働け！」とは言えな
いわけです。

②　民事上の根拠

　そこで，会社が従業員に対して，民事上「時間外で働け！」といえるように
するには，三六協定のほかに何が必要なのでしょうか。
　この点，就業規則，労働協約，個別の雇用契約書等にその旨の規定を定める
ことが必要になります。
　これらの個別の根拠がない状態で，時間外労働を命じた場合，従業員は労働
を拒否できます。時間外の労働は，契約の内容ではないため，債務不履行にも
なりませんし，時間外労働を拒んだことをもって，懲戒処分等を行うこともで
きません。
　三六協定を結んで終わりというわけではありませんので，注意しましょう。
　なお，個別の雇用契約であればともかく，就業規則で時間外労働を命じるに
は，その規定の合理性が必要です（労契法7条）。では，どのような場合に合理
性があると判断されるのでしょうか。

　この点，判例は，①三六協定に時間外・休日労働の上限が決められていたこと，②これらの時間外労働を命じることができる事由が，納期切迫，決算業務，設備修繕等，業務上の必要がある場合に限定されていたことに着目し，合理性を認め，これに合意しない労働者に対しても効力が及ぶと判断しました（日立製作所武蔵工場事件：最判平成3・11・28労判594号7頁）。

2　実務上のポイント

(1)　休日の出張先への移動時間に残業代は発生するのか

①　原　則

　会社の担当者の方から，「出張の移動時間に残業代を支払う必要があるのでしょうか。」という質問を受けることがあります。

　そこで，この項では，この問題について解説いたします。

　結論からいえば，出張の移動時間には，原則として残業代を支払う必要はありません。

　行政解釈によれば「出張中の休日はその日に旅行する等の場合であっても，旅行中における物品の監視等別段の指示がある場合の外は休日労働として取り扱わなくても差し支えない。」とされています。

　同様に，裁判例（東葉産業事件：東京地判平成元・11・20労判551号6頁）も「原告は，休日に労働をした訳ではなく，労働を終えて帰路についたにとどまるから，かかる休日を利用しての移動には，『休日に労働させた』ことを割増賃金支払の要件とする労基法37条の適用はないと解するのが相当である。このことは，通常の勤務における朝夕の通勤が，労働と密接不可分の関係にありながら，時間内及び時間外のいずれの労働にも含まれないことと同様だからである。」として，休日における移動時間は労働時間ではないとしています。

　したがって，単なる出張先への移動であれば，通常の通勤と同様，業務性がなく，使用者の指揮命令下に置かれているとは評価できないため，労基法上の労働時間には該当せず，残業代を支払う必要はありません。

②　例　外

　ただし，例外もあるので，注意してください。

　それは，物品の監視・配送や人の引率を伴う場合です。その場合，当該従業員は会社の指揮命令下に置かれての移動となるため，出張先への移動自体が業務性を有することになります。したがって，労働時間と評価され，残業代を支払う必要がでてきます。

　残業代を支払うことになった場合，それが法定休日（労基法35条）であれば35％の割増賃金を支払う必要がありますし，法定外休日であれば25％（労基法37条1項）の割増賃金を支払う必要があります。この25％の割増賃金ですが，時間外労働が月60時間を超えた場合，その超えた部分について5割以上の割増賃金を支払う必要がある点にも留意してください（労基法37条1項但書）。

　以上のとおり，休日を利用して出張場所へ移動をさせる場合，その移動時間を労働時間とみる必要は原則としてはありませんが，物品の監視や配送，人の引率をお願いする等の場合には労働時間と評価される可能性があります。例えば，移動時間に物の配送をお願いすると，残業代（割増賃金）が発生し，それを支払っていないと労基法37条に違反することになります。この違反は，6か月以下の懲役又は30万円以下の罰金に処せられる可能性があるため，注意しましょう。

③　出張手当の扱い

　会社によっては，従業員に出張手当や日当を支払っている会社もあることでしょう。

　この点，出張が単なる移動で労働時間ではないと評価されるのであれば，特段問題は生じません。

　ただし，出張に伴い移動中に物品の監視・配送を命じる等で労働時間と評価される場合，その手当の額が労基法所定の割増賃金以上の額となっているかを検討する必要があります。

　「手当の額≧計算した割増賃金額」であれば，問題は生じませんが，「手当の額＜計算した割増賃金額」であれば，差額を追加で割増賃金として支払う必要がでてきます。

(2)　休日振替について

　例えば，土日休みの会社で，採用説明会の開催のために，土曜日に一部の社員に出社を求めるという場合，休日出勤ということで，必ず割増残業代を支払わなければならないのでしょうか？　休日を振り替えることは可能なのでしょうか？

　このような質問を受けることも多いため，この点について解説いたします。

①　労基法35条と就業規則の定め

　議論の出発点は，労基法35条です。労基法35条は，「使用者は，労働者に対して，毎週少なくとも1回の休日を与えなえればならない。前項の規定は，4週間を通じ4日以上の休日を与える使用者については適用しない。」と定めています。すなわち，労基法上は，特定の曜日に休日を与えることを求めていませんので，休日を平日に振り替えたとしても，それは労基法には反しません。

　しかし，就業規則で，土日休みであることが定められている場合には，それが会社と社員との間で定められた具体的な労働条件になります。したがって，これを変更する場合には，本人との合意又は就業規則の根拠（休日振替制度に関する定め）が必要です。

　行政通達（昭和23・4・19基収1397号）も「就業規則において休日を特定したとしても，別に休日の振替を必要とする場合休日を振り替えることができる旨の規定を設け，これによって休日を振り替える前にあらかじめ振り替えるべき日を特定して振り替えた場合は，当該休日は労働日となり，休日に労働させることにはならない」としています。

　また，「いわゆる休日の振替を行う場合には就業規則等においてできる限り休日振替の具体的事由と振り替えるべき日を特定することが望ましい。」とする通達（昭和23・7・5基発968号）がありますので，どういった事由が生じた場合に休日振替となるのかを就業規則で明記しておくことが望ましいでしょう。というのも，予定していた休日が会社によって恣意的に変更されるというのは，社員の日常生活に重大な影響を及ぼしうるからです。

②　具体的な休日振替の方法

(ア)　法定休日の場合

法定休日を他の日に振り替える場合，労基法35条への適合性を検討できるよう，事前に振替えによって休日となる日が特定されている必要があります。事前に振替休日の指定を行わない場合には，当該休日振替えは労基法35条に反し，違法，無効となります。

休日振替えが無効なため，法定休日に就労させたということで，35％増の休日割増賃金を支払う必要があります。

また，法定休日を他の日に振り替える場合には，振替えにより新たに休日となる日について労基法35条の定める週1日又は4週を通じて4日の休日付与という条件を満たすことが必要です。この場合も振替えは無効であり，当該休日労働日について，35％増の休日割増賃金を支払う必要があります。

行政通達（昭和23・7・5基発968号）は「振り替えるべき日については，振り替えられた日以降できる限り近接している日が望ましい。」としています。先送りするにしても4週間に4日の休日付与という労基法35条の条件は，必ず満たすように注意してください。

(イ)　法定外休日の場合

他方，法定外休日を他の日に振り替えるという場合，労基法35条違反は問題になりません。

振替休日が事前に決定している必要はないのです。元の法定外休日に労働させても，労基法上は休日労働ではないため，後に代休を取得させれば35％の休日割増賃金を支払う必要はありません。

ただし，週40時間を超えて働かせる場合には，三六協定及び時間外労働の25％の割増賃金を支払う必要はありますので，その点は注意しましょう。すなわち，休日の振替えを行ったことにより，その週の労働時間が法定労働時間である40時間を超えるときは，その超えた時間については法定時間外労働となり，時間外労働に関する三六協定の締結と割増賃金の支払いを行わないと労基法32条・37条違反となってしまいます。

例えば月曜日から金曜日に1日8時間労働を定めていて，法定外休日が土曜日，法定休日が日曜日の会社があるとします。この会社において，土曜日に休日出勤を命じる場合，週40時間の労働時間を超えるので，土曜日に8時

間労働をさせる場合には8時間分については，時間外割増賃金を支払う必要があるのです。他方，月曜日から金曜日に1日7時間労働を定めていて，法定外休日が土曜日，法定休日が日曜日という場合には，土曜日の休日出勤（平日同様の7時間労働とします）においても5時間までは代休を与えれば割増賃金を支払う必要はありませんが，それを超える2時間においては割増賃金を支払う必要がでてくるというわけです。

(3)　代休について

　会社の担当者の方から，「休日出勤を行った社員から，『土日とつなげて旅行に行きたいのですが，金曜日に休みをもらえませんか？』と言われたのですが，応じる必要はあるのでしょうか？」という相談を受けることがあります。これは，いわゆる代休という制度の問題になります。

(ア)　代休とは　　代休とは，法定休日及び法定外休日に労働を行った労働者に対し，代償措置として，事後に他の労働日の就労義務を免除して休ませることをいいます。

　休日そのものを別日に事前に指定して入れ替えてしまう休日振替えと異なり，労働したという事実が前提にはなるため，時間外割増賃金（法定休日の場合35％，法定外休日の場合で法定労働時間の週40時間を超える部分については25％）を支払う必要はあります。

　事後的に代休を取得させた場合，ノーワークノーペイの原則により1日分の賃金として100％の部分はカットされますが，なお，差額については支払う必要があります。

　ただし，労基法が定めているのは，あくまでも休日労働及び時間外労働（法外残業）の場合に割増賃金を支払わなければならないということだけです。代休を取得させなければならないという規定はありません。

　したがって，代休制度を設けるか否かは，会社の裁量となります。代休制度がない会社において，社員からの代休の希望に応じるか否かもまた，会社の自由です。代休を制度として設けていない会社の場合，「忙しい時期だから，代休は与えず，その代わり時間外労働分の割増賃金を支払う。」という選択も可能ですし，「今は落ち着いた時期だから，賃金コストを抑えるべく，

代休をとることを認める。」という選択も可能です。

(イ) 代休に条件をつけることの是非　　代休制度は，前述のとおり，労基法上の要請ではありません。したがって，条件をつけることも広く認められています。

　例えば，「代休は，1か月以内に取得しなければならない。」と定めても問題ありません。また，「代休を取得するには，日程について，上司の許可を得ることとする。」というもの問題ありません。この点が，年休（年次有給休暇）との違いです。年休の場合に，社員は原則として自由に取得ができ，よほどの場合に，会社側に時季変更権の行使が認められるにすぎないというのと対照的です。代休は，会社の裁量で与えるものであるため，会社の業務状況をみて上司の許可制とすることも認められているのです。

(ウ) 代休の取得時期と賃金の支払時期に注意　　代休が当該休日出勤があった日の属する月の締日までにとられなかった場合の賃金の支払いには注意が必要です。

　たとえ，締日以後の勤務日に代休を取得する申請がなされていたとしても，締日までに代休が取得されない以上は，賃金全額払原則（労基法24条）との関係で，休日出勤分の賃金を支払わなければなりません。すなわち，法定休日に出勤させた場合には35％の割増賃金を支払う必要がありますし，法定外休日に出勤させたという場合も週40時間を超えた場合には25％の割増賃金を支払う必要があります。そのうえで，翌月に代休日分の1日分の賃金（100％）を控除するということになります。

(4)　屋外作業を行う事業における雨天日の休日扱い

　建設業等の会社では，雨天日は作業ができないため休日とするという取扱いをされているところもあると思います。そもそもそのような運用は可能なのか，可能だとして，注意点はどこにあるのかを本項では解説いたします。

①　原　則

　労基法35条が要請しているのは，週に1日又は4週で4日の休日をとるということのみです。したがって，例えば4週間に雨天日を含め4日間を休日とし

ていれば労基法35条の要請は満たすことになります。

　なお，雨天日が月の前半の週に固まっていたため，後半の週では休日が少ないという場合，週40時間以上の勤務がなされることがありますが，この場合には，三六協定と時間外割増賃金（25％）を支払う必要があるので，その点はご注意ください（労基法32条・37条）。

　ともあれ，雨天日を休日とすることも，週に1日（又は4週に4日）という量的な要請を満たしているのであれば，労基法35条違反にはなりません。

　通達でも，そのことを前提に，「休日はなるべく一定日に与え，雨天の場合には休日をその日に変更する旨を規定するよう指導されたい。」とするものがあります（昭和23・4・26基発651号）。

②　注意点

　ただし，雨天日を休日とするには，遅くとも前日までに，「雨天により休日とする。」旨の通知が必要です。

　というのも，労基法上，休日を付与したといえるためには，原則として暦日（午前0時～午後12時までの24時間）の休みが保障される必要があります。

　例えば，「雨が降りそうだけど，出社してもらって，そのときに本日の工事を行うか中止して休みにするかを決めよう。」という場合に，結果的に雨が降ってきたために工事に着手する前に休みに決めたという場合は，それは休日を付与したことにはならないわけです。

　そのような場合には，休日ではなく休業ということになります。

③　休業について

　休日ではなく，休業となった場合，賃金等はどのようになるのでしょうか。

　休業とは，労働契約上労働義務のある時間について労働をなしえなくなることであり，それが使用者の責めに帰すべき事由による場合，平均賃金の100分の60以上の手当を支払わなければなりません（労基法26条）。

　すなわち，会社側に原因があり休業という場合には，生活保障の観点から，6割の賃金は支払わなければなりません。

　この「使用者の責めに帰すべき事由」すなわち会社側の原因ですが，広く解

釈されており，不可抗力以外であれば認められる傾向にあります。この点が民法の危険負担規定との違いです。

　なお，会社側に原因があるのであれば，6割ではなく10割保障されるべきではないのか？という疑問もあろうかと思います。

　民法536条2項は危険負担の規定で「債権者の責めに帰すべき事由によって債務を履行することができなくなったときは，債権者は，反対給付の履行を拒むことができない。」と定めています。すなわち，会社が原因で社員が働けなくなったときは，会社は賃金の支払いを拒むことができないということになります。

　したがって，本項で触れたように，出社したけれども雨で工事中止で休みになったというような場合には会社は雨天を予測可能だったわけですから，社員は100％の賃金を請求できるように思えます。

　ただし，この民法の危険負担の規定は任意規定であり，個別の契約で排除できます。

　その場合であっても，労基法26条により賃金の6割は保障されるという点が休業手当のポイントです。

⑸　法定外休日に出勤を命じるとき

①　法定休日と法定外休日

　法定休日とは，労基法35条に基づく週1日の休日のことです。

　会社では，土日休みのところも多いでしょう。この場合，就業規則で定めるどちらかが法定休日，他方が法定外休日ということになります。

　法定休日と法定外休日で何が違うのでしょうか。

　端的にいえば，法定休日になると，社員に休日出勤させる場合に，(i)より多くの割増賃金を支払わければならない（35％の割増率）ですし，(ii)（労基法35条規制の解除という点での）三六協定を締結しなければならないということになります。

②　法定外休日と三六協定の要否

　労基法36条は，週40時間以上働かせる場合や休日に働かせる場合に社員代表

（労働者の過半数代表）と協定を締結しなければならない旨を定めており，これを三六協定と呼びます。

　ここでいう「休日」は労基法35条の法定休日のことをいいます。

　したがって，法定外休日における労働をさせることはこれには含まれません。

　法定外休日に勤務させる場合は，労基法35条との関係では三六協定は不要です。

③　法定外休日出勤の労基法上の扱い

　法定外休日の労基法上の扱いは，その週における労働時間の延長ということになります。

　したがって，法定外休日に出勤させた結果，週40時間を超えて働かせるという場合には労基法35条規制を解除するための三六協定ではなく，労基法32条規制を解除するための三六協定は必要になりますので注意が必要です。

④　法定外休日に出勤させる場合の法的な根拠

　法定外休日は，通常，就業規則で定めるものですから，それが契約の内容となるため，社員は当然には就労義務を負いません。

　そのため，就業規則で，業務の必要に応じて法定外休日に出勤を命じる可能性がある旨を規定しておくことが望ましいでしょう。

　かかる規定がない場合には，社員の個別の同意が必要なので，法定外休日に出勤させる場合には同意書をとるようにしたほうが穏当です。

⑤　三六協定の合意内容と法定外休日の労働時間の位置付け

　三六協定は，労使で，(i)休日労働日数の上限，(ii)労働時間延長数の上限を定めることになりますが，法定外休日は法定休日と異なり(i)ではなく，(ii)の規制に服するのでその点は注意が必要です。

　すなわち，法定外休日は，労基法上は，飽くまでもその週における労働時間の延長です。したがって，①の休日労働という扱いではなく，②の時間外労働という扱いになるのです。実務上もよく誤解されている点になりますので，ご注意ください。

　所定労働日における法定時間外労働と法定外休日における労働時間数を加算した結果，三六協定で合意した労働時間延長数の上限を超えてしまうと，労基法32条違反になり，6カ月以下の懲役又は30万円以下の罰金の対象となります（労基法119条1号）。

⑥　留意点

　適用除外及び適用猶予業種を除き，三六協定の範囲内であっても，(i)時間外及び休日労働をさせた結果，当月1か月の時間外労働と休日労働時間を合算した値は100時間未満でなければ違法となります。

　また，(ii)三六協定に定めた対象期間の初日から1か月ごとに区分した各期間に当該各期間の直前の1か月，2か月，3か月，4か月，5か月の期間を加えたそれぞれの期間における労働時間を延長して労働させた時間と休日労働時間を合算した平均値は80時間を超えてはならないこととされました（前述67頁参照）。

　以上は，労基法36条6項の規制です。

　この範囲を超えるような法定外休日労働は，不適法となります。

⑦　平成31年1月15日付通達

　平成31年1月15日付けで，厚生労働省労働基準局から各都道府県労働局長に対し，「時間外・休日労働協定の適正化に係る指導について」（平成31・1・15基発0115第5号）が発出されました。

　この通達では，所轄の労働基準監督署において，時間外・休日労働届が出された場合，以下の(i)ないし(iii)を行うように指示がなされています。

（i）　改正労基法36条2項及び改正労基法施行規則17条1項に基づき，①〔労働者の範囲〕時間外労働又は休日労働をさせることができることとされる労働者の範囲，②〔事由〕時間外労働又は休日労働をさせることができる場合（具体的な事由），③〔日数〕対象期間における1日，1か月及び1年のそれぞれの期間について労働時間を延長して労働させることができる時間又は労働させることができる休日の日数，④〔有効期限〕当該時間外・休日労働協定の有効期限，⑤〔起算日〕1年について労働時間を延長

して労働させることができる時間の起算日の形式上の要件につき，適法な記載がされているか，のチェック

(ii)　特別条項を定める場合には，(i)の必要的記載事項に加え，改正労基法36条5項及び改正労基法施行規則17条1項所定事項につき，具体的に記載されているかのチェック

(iii)　協定当事者である労働組合の名称又は過半数代表者の職名及び氏名，協定当事者（過半数代表者の場合）の選出方法その他改正労基法施行規則16条及び70条に基づく様式における必要的記載事項についての記載のチェック

⑧　法定外休日と割増率

法定外休日は，労基法上は，その週の労働時間の延長になります。そのため，割増率の計上には注意が必要です。

法定時間外労働の場合，1か月60時間までは，通常賃金の1.25倍（25%の割増率）ですが，60時間を超えた部分は1.5倍（50%の割増率）となります（労基法37条1項但書）。

なお，従前，中小企業の場合，当分の間，この規定は適用されず，60時間を超えた部分についても通常賃金の1.25倍の割増率で足りるとされていました（労基法附則138条）。ところが，平成30年7月の働き方改革を推進するための関係法律の整備に関する法律により令和5年4月1日から労基法附則138条が削除され，中小企業も60時間を超えた部分について1.5倍の割増率で計算されるため注意が必要です。

(6)　災害時の休日出勤

①　「臨時の必要がある場合」の解釈

労基法33条は，「災害その他避けることのできない事由によって，臨時の必要がある場合」に，法定時間を超えて（すなわち法定外休日にも），又，法定休日に労働させることがでる旨を定めています。

問題は「臨時の必要がある場合」の解釈です。この点を緩やかに解してしまうと，労基法36条の三六協定の規制を簡単に回避することができてしまうこと

になりかねません。

　そのため，「臨時の必要がある場合」は極めて厳格に解されています。

　「災害」とは，事業場において通常発生する事故は含まれず，天災事変その他これに準ずるものと解されていますし，「その他避けることができない事由」は，業務運営上通常予想し得ない事由がある場合をいうものと解すべきものとされています。すなわち，あらかじめ必要な三六協定を結んでおくことや，人員を配置して所定の労働時間内で処理するようにすることが困難であるような場合をいうと解されています。通達においても，「単なる業務の繁忙その他これに準ずる経営上の必要」は「臨時の必要がある場合」にあたらないとされています（昭和22・9・13発基17号）。

　具体的には，地震，津波，風水害，雪害，爆発，火災等の災害への対応，急病への対応その他の人命又は公益を保護するためということであれば，「臨時の必要がある場合」にあたります（令和元・6・7基発0607号第1号）。この通達によれば，通常予見される部分的な修理，定期的な保安は認めないとしつつ，事業の運営を不可能ならしめるような突発的な機械・設備の故障の修理，保安，システム障害の復旧については「臨時の必要がある場合」にあたると認めるとされています。

　対応しないと人命に関わる又は社会システムに支障がでるという場合は「臨時の必要がある場合」にあたるが，それ以外はあたらないと考えておくのが無難だと思います。

②　手続面の注意事項

　労基法33条により，法定時間外・休日労働をさせる場合，事前に労働基準監督署長の許可を受けることが必要とされています（労基法33条1項本文）。

　例外的に事前の許可を受けることができないという場合には，事後に遅滞なく届け出なければなりません。

　事後の届出を怠った場合には，30万円以下の罰金に処されます（労基法120条）。

⑺　休日をまたいで労働を命じた場合の休日割増計算

　例えば，法定休日が日曜日で，法定外休日はない会社だとします。この場合に，会社が，土曜日から日曜日の正午にかけて残業を命じた場合の割増率について考えてみましょう。

①　深夜割増賃金

　この場合，午後10時から翌午前5時までは，深夜という扱いになりますので，深夜割増賃金を支払う必要があります。

　会社が，その社員を午後10時から翌午前5時まで労働させた場合，その時間の労働には，通常の労働時間の賃金の計算額の25％以上の率で割増しした賃金を支払わねばなりません（労基法37条4項）。

　深夜割増賃金の特徴は，労働時間規制の枠外である管理監督者（労基法41条2号）であっても，支払う必要があるという点にありますので，注意しましょう。

②　休日割増賃金

　法定休日である日曜日に勤務をさせていますので，日曜日の午前0時～正午までの12時間については，法定休日出勤ということになります。

　というのも，通達によると，休日は暦日で扱う（昭和23・4・5基発535号）こととし，「法定休日である日の午前零時から午後12時までの時間帯に労働した部分が休日労働となる」（平成6・5・31基発331号）とされているからです。

　法定休日出勤の場合の割増率は35％です。

　労基法37条1項は，労働者を休日に労働させた場合，その日の労働については通常の労働日の賃金の25％以上50％以内の範囲内で政令で定める率以上の率で計算した割増賃金を支払わなければならないと規定しています。これを受けて，「労働基準法第37条第1項の時間外及び休日の割増賃金に係る率の最低限を定める政令」は，休日労働についての割増率の最低限度を35％と定めています。

　なお，休日を暦日で扱わないという例外的な場合は以下の3つのみですので，

念のため記載しておきます。

(ⅰ)　24時間3交代制の場合（昭和26・10・7基収3962号等）
(ⅱ)　自動車運転者の場合（平成9・3・11基発143号）
(ⅲ)　旅館業における場合（昭和57・6・30基発446号）

---

③　計　算

　上記の例をもとに計算方法を解説しておきます。

　この例では，①深夜である午後10時〜翌午前5時の労働及び②法定休日である日曜日に午前0時〜正午までの労働が発生しています。

　そこで，午後10時〜午前0時までは深夜ですので1.25倍，午前0時〜翌午前5時までは深夜かつ休日の1.6倍，午前5時〜正午までは休日ですので1.35倍の割増賃金率で計算を行うことになります。

3　振替休日・代休のトラブル防止のポイント

(1)　振替休日とは

　振替休日とは，就業規則で休日と定められた日を労働日として，労働日とされている日を休日とすることをいいます。簡単に言えば，休日と労働日を交換するというイメージですが，振替休日は会社が一方的に休日と労働日を変更することになるので，就業規則に根拠が必要となります。

　後述するように，振替休日とした場合には，休日の割増賃金を支払う必要はありません。

(2)　代休とは

　代休は，労働者が休日に出勤した場合に，事後的にその代わりとして労働日を休日とする制度です。事後的に労働日を休日とするという点が，振替休日との違いです。また，振替休日では，休日の割増賃金を支払う必要はありません

が，代休は，休日労働の対象となる休日が法定休日の場合には，休日の割増賃金を支払う必要がある点でも異なります。

　代休は，会社が代休日の就労を免除することになるので，就業規則の規定は不要です。ただし，休日労働させるにあたっては，三六協定の締結と届出，休日労働させる旨の規定が就業規則に定められている必要があります。

(3)　実務上の問題点

　振替休日は，本来，休日である日を労働日にするということで労働条件を一時的に変更することになるため，実施するにあたっては，以下の2点に留意する必要があります。

> ①　就業規則に根拠規定を定める
> ②　振り替えるべき日を事前に特定し通知する

　①の就業規則に定めがない場合であっても，労働者に個別に合意をとれば振替することは可能であるとした裁判例（鹿屋市教員事件：鹿児島地判昭和48・2・8判時718号104頁）もありますが，余計な手間と紛争リスクを抱えないためにも就業規則で規定しておくことが無難でしょう。

　②の振り替える日について，行政通達では，振り替えられた日以降できる限り近接している日が望ましいとされています（昭和23・7・5基発968号，昭和63・3・11基発150号）。

(4)　トラブル防止のポイント

①　振替休日の割増賃金

　振替休日は，事前に休日と労働日を入れ替える制度ですので，当該労働日に休日の割増賃金は支払う必要がありません。下表は，週休2日（土日休み）で所定労働時間8時間のケースで，土曜日，日曜日の休日を月曜日と火曜日に振り替えたケースです。この場合，休日の割増賃金35％を支払う必要はありませんし，1週間の法定労働時間40時間を超えていませんので，時間外割増賃金

25%を支払う必要はありません。

	日曜	月曜	火曜	水曜	木曜	金曜	土曜
通常	休み	8H	8H	8H	8H	8H	休み
変更週	8H	休み	休み	8H	8H	8H	8H

　ただし，下表のようなケースでは，時間外割増賃金25%を支払う必要があります。下表のケースでは，振り替える休日を翌週に設定しています。この場合，変更週の1週間の労働時間は48時間となり，法定労働時間40時間を超えていますので，8時間分の時間外割増賃金を支払わなければならないのです。

	日曜	月曜	火曜	水曜	木曜	金曜	土曜
通常	休み	8H	8H	8H	8H	8H	休み
変更週	8H	休み	8H	8H	8H	8H	8H
変更翌週	休み	休み	8H	8H	8H	8H	休み

②　変形労働時間制における振替休日

(ア) 1か月単位の変形労働時間制　　1か月の変形労働時間制をとる場合であっても，振替休日を実施することは可能です。ただし，労働者の生活プランを害さないように配慮が必要です。

　1日の所定労働時間が10時間に設定されている日を休日とし，本来，休日であった日を労働日として10時間労働させる場合には，通常の振替休日のケースよりも労働者の負担は大きくなります。したがって，そうした場合には，できる限り早い段階で振替えの通知をするなどして，労働者に配慮すべきでしょう。

　また，変形労働時間制で振替休日を実施する場合，割増賃金の支払いについても注意しなければなりません。

　変形労働時間制により，1日の所定労働時間が10時間とされている日を振り替えて，休日に10時間労働させたケースで考えます。この場合，法定労働時間8時間を超えているので2時間分の割増賃金を支払わなければならない

のか，あるいは，変形労働時間制の適用により2時間分の割増賃金は支払う
必要がないのか問題となります。

　この点，行政通達では，休日を振り替えた結果，就業規則で法定労働時間
を超える所定労働時間が設定されていない日または週に，法定労働時間を超
えて労働させることになった場合には，その法定労働時間を超える部分の労
働時間については，時間外労働になると解釈されています（昭和63・3・14
基発150号，平成6・3・31基発181号）。

　したがって，上記の例で考えると，2時間分の時間外手当は支払わなけれ
ばならないことになります。

(イ)　1年単位の変形労働時間制における振替休日　　1年単位の変形労働時間制
でも，振替休日を実施することは可能です。1年単位の変形労働時間制の場
合，繁忙期に労働時間が集中することもあるため，振替休日の実施の方法に
よっては，労働者の生活プランや健康を害する可能性があるため，より慎重
に実施すべきです。

　1年単位の変形労働時間制において振替休日を実施するにあたって，以下
の点について留意するよう行政通達が出されています（平成6・5・31基発
330号）。

○就業規則において休日の振替を必要とする場合に休日を振り替えることがで
きる旨の規定を設け，これによって休日を振り替える前にあらかじめ振り替
えるべき日を特定して振り替えること。この場合，就業規則等において，で
きる限り，休日振替の具体的自由と振り返るべき日を特定することが望まし
いこと
○対象期間（特定期間を除く）においては，連続労働日数が6日以内となるこ
と
○特定期間においては，1週に1日の休日が確保できる範囲内であること

管理監督者の労働時間

1　管理監督者とは

　管理監督者とは，労基法41条2号「監督もしくは管理の地位にある者」のことを指します。管理監督者は，事業主に代わって労務管理を行う立場であり，その権限から自らの労働時間も裁量で決めることができ，立場に応じた高い待遇を受けることができるので，労働時間の規制が適用されません（なお，年次有給休暇，深夜割増賃金については適用されます）。具体的には，労基法上の労働時間，休憩，休日などの規定の適用を受けないのです。つまり，法定労働時間を超えて働いたとしても企業は残業代を支払う必要はありません。

　ここで似た言葉に「管理職」があります。勘違いされている企業が多いですが，管理監督者と管理職は全く別物です。管理職は，企業内において管埋業務を行う人のことを指して使われますが，管理監督者は労基法に定められている立場であり，管理監督者として評価されるには条件があります。こうした条件を踏まえずに，管理監督者として取り扱った結果，いわゆる「名ばかり管理職」として大きな問題となり，裁判例も多数出ています。その裁判例の多くで会社側が敗訴しており，管理監督者の認定が厳格であることが分かります。敗訴した場合には，企業名で，○○事件という呼び方がされ，企業の社会的な評価が下がり，ブラック企業といったイメージをもたれる可能性もあります。また，管理監督者として認められなかったということは，会社は残業代を支払う

義務があるので，それまでに不払いであった残業代を支払わなければなりません。

　企業は，労働者を管理監督者として取り扱う場合には，判例の基準を踏まえて十分に検討することが求められます。

2　実務上の問題点

(1)　管理監督者の条件

　厚生労働省労働基準局による通達では，「法第41条第2号に定める『監督若しくは管理の地位にある者』とは，一般的には，部長，工場長等労働条件の決定その他労務管理について経営者と一体的な立場にある者の意であり，名称にとらわれず，実態に即して判断すべきものである。」(昭和63・3・14基発150号)との見解が示されています。

　こうした見解を踏まえて裁判例においては，以下の3つの観点から総合考慮して管理監督者の該当性を判断しています。

> (i)　経営者と一体といえるような重要な職務と権限があるか
> (ii)　労働時間の決定についての決定権限があり，実際に権限を行使できるか
> (iii)　役職手当やボーナスについての優遇など，当該地位に見合った待遇があるか

(2)　管理監督者を否定した裁判例

　日本マクドナルド事件（東京地判平成20・1・28労判953号10頁）では，店長の管理監督者性を否定しています。

　同事件の管理監督者の判断枠組みは，下記の①〜③の観点から判断されています。

「原告が管理監督者に当たるといえるためには，店長の名称だけでなく，実質的に以上の法の趣旨を充足するような立場にあると認められるものでなければならず，具体的には，①職務内容，権限及び責任に照らし，労務管理を含め，企業全体の事業経営に関する重要事項にどのように関与しているか，②その勤務態様が労働時間等に対する規制になじまないものであるか否か，③給与（基本給，役付手当等）及び一時金において，管理監督者にふさわしい待遇がされているか否かなどの諸点から判断すべきであるといえる。」と判断したうえで，①〜③について具体的に検討しています。

① 店長の権限等について

　この点について，裁判所は，店長は店舗の責任者として，アルバイト従業員の採用やその育成，従業員の勤務シフトの決定，販売促進活動の企画，実施等に関する権限を行使し，被告の営業方針や営業戦略に即した店舗運営を遂行すべき立場にあり，店舗運営において重要な職責を負っていると認定しています。

　しかし，こうした店長の職務，権限は店舗内の事項に限られるのであって経営者との一体的な立場とまではいえないと判断しています。

　つまり，店長は，店舗を運営していくにあたっては，重要な職責を負っているものの，それはあくまで店舗内のみの話であり，企業全体の重要事項に関与しているとまではいえないと判断して管理監督者を否定する認定をしています。

② 店長の勤務態様について

　裁判所は，店長は自らのスケジュールを決定する権限を有し，早退や遅刻に関して，上司の許可を得る必要はないなど，形式的には労働時間に裁量があると認定しています。

　しかし，実際には，店長として固有の業務を遂行するだけで相応の時間を要すること，また，店舗の各営業時間帯には必ずシフトマネージャーを置かなければならないところ，シフトマネージャーが確保できない時には，店長自らシフトマネージャーとして勤務することなどにより，法

定労働時間を超える長時間の時間外労働を余儀なくされていた勤務実態を指摘し，店長には，労働時間に関する自由裁量性があったとは認められないと判示しています。

このように，裁判所は，形式的なルールとしては，店長に労働時間について裁量があることを認めつつも，店長の業務量など就労の実態を踏まえると実質的には労働時間に裁量がないと判断しており，実態に即した判断をしています。

③　店長に対する処遇について

店長が，管理監督者にふさわしい待遇を受けているかについては，具体的な年収額を基に判断しています。

店長の年収額はC＜B＜A＜Sの評価に応じて決まっており，S評価の店長の年額賃金は779万2000円，A評価の店長は696万2000円，B評価の店長は635万2000円，C評価の店長は579万2000円でした。

こうした年収額と，店長よりも下位であるファーストアシスタントマネージャーの平均年収590万5057円を比較しています。

店長全体の10％にあたるC評価の店長は，ファーストアシスタントマネージャーよりも年収額は低く，店長全体の40％にあたるB評価の店長との差額は約44万円にとどまることなどから，管理監督者としてふさわしい待遇を受けているとはいえないと判断されています。

以上のように，管理監督者の有効性の判断にあたっては，相当に厳格な判断がなされています。

もっとも，日本マクドナルド事件の判断枠組みの①については，異論があります。同事件では，「企業全体」の事業経営に関する重要事項について関与していることが求められていますが，この点については，その事務所，事業場単位で経営者との一体性があれば足りるといった考え方があります。こうした考え方を踏まえていると考えられる裁判例としてゲートウェイ21事件（東京地判平成20・9・30日労判977号74頁），東和システム事件（東京地判平成21・3・9労判981号21頁）があります。

　東和システム事件では，①職務内容が，少なくともある部門全体の統括的な立場にあること，②部下に対する労務管理上の決定権等につき，一定の裁量権を有しており，部下に対する人事考課，機密事項に接していること，③管理職手当等の特別手当が支給され，待遇において，時間外手当が支給されないことを十分に補っていること，④自己の出退勤について，自ら決定し得る権限があることといった判断枠組みを示しています。①の判断要素から分かるように，日本マクドナルド事件と異なり，「部門全体」の統括的な立場にあるか否かという観点から管理監督者性を判断しています。

　結論としては，管理監督者性は否定されていますが，管理監督者性を検討するにあたって参考になる裁判例です。

(3)　管理監督者を肯定した裁判例

　姪浜タクシー事件（福岡地判平成19・4・26労判938号41頁），センチュリーオート事件（平成19・3・22労判938号85頁）などがあります。

　センチュリーオート事件では，以下のように個別事情を判断して管理監督者性を認めています。

　|① 職務権限|

　営業部長として，営業部に所属する従業員9名の出欠勤の調整，出勤表の作成，出退勤の管理といった管理業務を担当していたこと

　経営会議やリーダー会議のメンバーとしてこれらの会議に出席していたが，これらは代表者及び各部門責任者のみをその構成員とする会議であったこと

　人事権が委ねられていたとはいえないものの，営業部に関しては，代表者の人事権行使にあたり，部門長としての意向が反映され，また，その手続・判断の過程に関与が求められていたこと

　|② 労働時間の裁量|

　タイムカードを打刻していたものの，遅刻・早退等を理由として基本給が減額されることはなかった

> ③　**待遇**
> 　平成15年３月から同16年９月までの間に支給された給与の額は，代表者，工場長，創業当初からの社員に次ぐ，高い金額であったこと

　センチュリーオート事件では，上記のような事実を踏まえて，営業部長という重要な職務と責任を有し，営業部門の労務管理等につき経営者と一体的な立場にあった認定し，管理監督者であることを認め，割増賃金の請求を棄却しています。

3　トラブル防止のポイント

(1)　管理監督者性の判断は厳格であること

　「名ばかり管理職」といった言葉が話題になり，管理監督者についての理解も広がったとも思われますが，まだ世間一般の考え方として，管理職＝管理監督者といった認識が根付いているように思います。センチュリーオート事件などのように，管理監督者性が認められることもありますが，管理職＝管理監督者という認識で，従業員を管理監督者として扱っては絶対にいけません。管理監督者というものは，基本的には認められないものというような認識でいた方が無難であると考えられます。

　労働者を管理監督者として扱う場合には，上記した裁判例を十分に踏まえて，労働者にも十分な説明をすべきでしょう。

(2)　管理監督者であっても労働時間の把握が必要なこと

　従来，管理監督者の労働時間については，把握は義務化されていませんでしたが，2019年４月から管理監督者についても労働時間を把握することが義務付けられています。

　2018年６月，長時間労働の是正などを目的とした働き方改革関連法が成立し

ました。これまで，特別条項付きの三六協定を締結することで，実質制限なく時間外労働を行うことができましたが，同法により，2019年4月から，単月では100時間未満，2～6か月の月平均では80時間未満，月45時間を超える時間外労働は年6回までという規制がなされるようになりました。こうした長時間労働規制の流れを汲むように，厚生労働省は，労働安全衛生法の省令を改正し，2019年4月から管理監督者についても，労働時間を把握することを企業に義務付けたのです。

　働き方改革関連法の成立により，一般の労働者の長時間労働に制限がかかったことから，そのしわ寄せが管理監督者にくる可能性も踏まえての法改正であると考えられます。

第**2**編

企業が独自に選べる制度

I

定額残業制

1　定額残業制とは

　定額残業制とは，残業代を一定額決めて毎月の残業代として支払いを行う制度です。①基本給のなかに一定額の残業代を組み入れる方法と，②割増賃金の支払いとして一定額を手当として支払う方法があります。

　①の方法の場合，基本給30万円の中に5万円の割増賃金を支払うといった内容になります。②の方法の場合は，基本給とは別に超過勤務手当として，5万円を支払うといった内容です。

　固定残業代制やみなし残業代制といった制度も基本的に定額残業制と同じ意味で使用されています。

2　実務上の問題点

(1)　定額残業制の有効性

　定額残業制を採用している企業はよくみかけますが，有効な定額残業制を運用している会社は多くないように思います。会社のなかには，定額の残業代を支払っていれば，残業代はそれ以上の残業代を支払わなくてよいと誤解してい

る会社もあります。

　定額残業制は，ただ単に一定額を残業代として支払うことを労働者と合意すればよいというものではありません。定額残業制が有効と判断されるには，一定の条件があるのです。その条件を満たさない場合には，割増賃金がさらに高額になる危険性もあります。

　安易に定額残業制を採用するのではなく，その有効性の条件やメリット，デメリットを十分に検討して導入しなければなりません。

　定額残業制の有効性については，最高裁判所も一定の判断をしており，下級審の裁判例も数多く存在します。これまでの判例や裁判例を踏まえると，有効性の判断にあたっては，以下の2つのポイントが重要です。

〔定額残業制が有効とされるポイント〕

```
① 通常の賃金と割増賃金が明確に区分されていること
② 手当が割増賃金の対価として支払われていること
```

①通常の賃金と割増賃金が明確に区分されていること

　高知県観光事件（最判平成6・6・13労判653号12頁）では，通常の労働時間の賃金にあたる部分と時間外及び深夜の割増賃金にあたる部分とを判別することもできないものであったことを理由の一つとして，定額残業制による残業代の支払いを認めませんでした。

　この事件は，タクシードライバーの未払残業代が問題となった事案です。タクシー会社は，ドライバーに支払っていた歩合給に時間外及び深夜の割増賃金にあたる分も含まれているから，残業代は支払済みであると主張していました。しかし，最高裁判所は，歩合給の額が，ドライバーが時間外労働や深夜労働を行っても増額されることはなく，通常の賃金と割増賃金の判別もできないことから，会社の定額残業制の主張を認めなかったのです。

　最高裁判所が，通常の賃金と割増賃金を明確に区別することを要求するのは，割増賃金を正しく計算するためだと考えられます。そもそも，通常の賃金と割増賃金が明確に区分されていなければ，どの範囲を割増賃金の基礎とするか判

断できないからです。

> ②手当が割増賃金の対価として支払われていること

　企業が割増賃金として支払っていたと主張する手当が，実態として割増賃金の対価として支払われていたことが必要となります。

　日本ケミカル事件（最判平成30・7・19裁時1704号6頁）では，割増賃金の対価として支払われていたかどうかについて，次のように判示しています。

　「雇用契約においてある手当が時間外労働等に対する対価として支払われるものとされているか否かは，雇用契約に係る契約書等の記載内容のほか，具体的事案に応じ，使用者の労働者に対する当該手当や割増賃金に関する説明の内容，労働者の実際の労働時間等の勤務状況などの事情を考慮して判断すべきである。」

　日本ケミカル事件では，対価性の判断にあたって，①雇用契約に係る契約書等の記載内容，②使用者の労働者に対する当該手当や割増賃金に関する説明の内容，③労働者の実際の労働時間等の勤務状況といった事情を踏まえて判断すると判示しています。

(2)　従前の裁判例

　前出の日本ケミカル事件の判例が出る前においては，テックジャパン事件（最判平成24・3・8労判1060号5頁）の櫻井龍子裁判官の補足意見を踏まえて，有効性を判断する裁判例が散見されていました。

　櫻井裁判官の補足意見は以下のような内容です。

　「便宜的に毎月の給与の中にあらかじめ一定時間（例えば10時間分）の残業手当が算入されているものとして給与が支払われている事例もみられるが，その場合は，その旨が雇用契約上も明確にされていなければならないと同時に支給時に支給対象の時間外労働の時間数と残業手当の額が労働者に明示されていなければならないであろう。さらには10時間を超えて残業が行われた場合には当然その所定の支給日に別途上乗せして残業手当を支給する旨もあらかじめ明らかにされていなければならないと解すべきと思われる。本件の場合，そのよ

うなあらかじめの合意も支給実態も認められない。(下線筆者)」

　櫻井裁判官の補足意見によれば，定額残業制が有効となるには，①雇用契約上も明確にされていること，②支給時に支給対象の時間外労働の時間数と残業手当の額が労働者に明示されていること，③所定の時間を超えた場合には，別途に残業手当を支給することが明示されていることを条件としています。

　日本ケミカル事件の原審は，櫻井裁判官の補足意見の内容に沿って以下のような判断枠組みで，定額残業制を無効と判断しました。

　「いわゆる定額残業代の支払を法定の時間外手当の全部又は一部の支払とみなすことができるのは，定額残業代を上回る金額の時間外手当が法律上発生した場合にその事実を労働者が認識して直ちに支払を請求することができる仕組み（発生していない場合にはそのことを労働者が認識することができる仕組み）が備わっており，これらの仕組みが雇用主により誠実に実行されているほか，基本給と定額残業代の金額のバランスが適切であり，その他法定の時間外手当の不払や長時間労働による健康状態の悪化など労働者の福祉を損なう出来事の温床となる要因がない場合に限られる。(下線筆者)」

　しかし，最高裁判所は，こうした原審の判示する事情は必須のものではないと判断して，原審を破棄しています。すなわち，櫻井裁判官の補足意見の②と③の条件については，必ずしも必要な条件でないと判断したのです。
　したがって，定額残業制の有効性判断にあたっては，①通常の賃金と割増賃金が明確に区分されていること，②手当が割増賃金の対価として支払われていることの2点を中心に検討することになります。
　もっとも，日本ケミカル事件の判例では，定額残業代に対応する時間外労働時間と実際の時間外労働時間との間に大きな乖離があるかどうかにも着目しています。この点については，今後の裁判例の動向を注目する必要がありますが，企業としては，この点にも留意して制度設計することが無難でしょう。

3　トラブル防止のポイント

(1)　導入にあたっての注意点

　定額残業制を導入するにあたっては，以下の点に注意しなければなりません。

(ア) 不利益変更に注意する　　定額残業制を導入していない会社が，新たに定額残業制を導入する場合，多くの場合，労働者の労働条件を不利益に変更することになります。例えば，基本給が20万円の会社において，基本給18万円，固定残業代2万円とした場合，総支給額は変わりませんが，基本給が減額されているので不利益変更と判断されます。

　労働者の労働条件を不利益に変更する場合には，就業規則を変更することで不利益変更するか，あるいは，労働者の個別の合意をとる必要があります。

　就業規則により不利益変更する場合，「変更後の就業規則を労働者に周知させ，かつ，就業規則の変更が，労働者の受ける不利益の程度，労働条件の変更の必要性，変更後の就業規則の内容の相当性，労働組合等との交渉の状況その他の就業規則の変更に係る事情に照らして合理的なものであるとき」（労契法10条）にあたらなければ，有効に変更することはできません。賃金という労働条件の核心部分の不利益変更になりますので，裁判になれば相当に厳格に判断されることとなります。したがって，就業規則による変更ではなく，労働者の個別合意によって変更（労契法8条）することが無難な方法と言えるでしょう。

　労働者に同意をもらうにあたっては，十分な説明をしたうえで書面にて同意してもらうべきです。説明に関しては，具体的に数字を示して毎月の給与のシミュレーションをするなど具体的に分かりやすく説明すべきでしょう。

(イ) 基本給や固定残業代が最低賃金を下回らないよう注意　　基本給と固定残業代の金額を設定するにあたって，それぞれ最低賃金を下回ってはいけません。

　例えば，月額給与22万円のうち，基本給17万円，固定残業代5万円（30時間分）で月の所定労働時間が170時間の場合を考えてみます。

〔書式1　労働条件変更の同意書〕

同意書

○○○○株式会社

代表取締役　○○　○○　殿

1　私は，本日，当社の賃金規程が，別紙のとおり改定されることについて，説明を受けましたが，改定内容について異議はありません。

2　今回の改定により，私に支払われる月額の給与○○万円のうち，○○万円は○○手当とし，同手当は，所定労働時間外割増賃金，法定休日労働割増賃金，深夜労働割増賃金に充当されることについて同意します。

3．実際の労働時間に基づいて割増賃金を計算した場合の金額が，○○手当の支払額を上回る場合，その差額は別途残業代として会社から支払を受けることができることについて同意します。

令和　　年　　月　　日

住所

氏名

○基本給について

17万円÷170時間＝1000円

この場合，1時間単位で1000円となります。

東京都の最低賃金は1013円（令和2年2月時点）ですから，最低賃金を下回っており違法となります。したがって，基本給の金額を増額しなければ最低賃金法に違反することになります。

　なお，大阪府の最低賃金は964円（令和2年2月時点）のため適法です。

　○固定残業代について

　割増賃金は，25％加算しなければなりませんので，時間単位の計算式は，以下のようになります。

　5万円÷（30時間×1.25）＝1333円（小数点以下切り捨て）

　この場合，1時間単位で1333円となりますので，東京都でも大阪府でも適法です。ただし，5万円を45時間分の残業手当とした場合は以下のように，1時間単位で888円となるため，東京都でも大阪府でも違法となります。

　5万円÷（45時間×1.25）＝888円（小数点以下切り捨て）

(ウ) 求人を出す際の注意点　　定額残業制を採用する場合，新たな求人についても注意しなければなりません。若者雇用促進法に基づき，「青少年の雇用機会の確保及び職場への定着に関して事業主，特定地方公共団体，職業紹介事業者等その他の関係者が適切に対処するための指針」（平成27年厚生労働省告示第406号）が出されています。

　この指針では，定額残業制を採用する場合，固定残業代に関する労働時間数と金額等の計算方法，固定残業代を除外した基本給の額，固定残業時間を超える時間外労働，休日労働及び深夜労働分についての割増賃金を追加で支払うことなどを明示することが求められています。

　以下の求人の記載例は，厚生労働省が定額残業制を採用する場合の求人の記載例としているものです。

　1　基本給（××円）

　2　□□手当（時間外労働の有無にかかわらず，○時間分の時間外手当として△△円を支給）

　3　○時間を超える時間外労働分についての割増賃金は追加で支給

---

(2) メリット，デメリットを正しく理解する

　定額残業制を導入するにあたっては，そのメリットとデメリットを十分に理解しておく必要があります。以下，定額残業制のメリットとデメリットを説明

します。

① メリット

　定額残業制について相談を受けることもありますが，定額残業制を採用することで残業代の支払いを減らすことができると勘違いしている企業もいらっしゃいます。しかし，これまで説明しているとおり，実際の割増賃金が固定残業代を上回るときには，差額を清算しなければなりません。したがって，定額残業制は，残業代削減の手段としてのメリットは乏しいと言えます。

　定額残業制のメリットとしては，従業員間の不平等を是正することが挙げられます。例えば，自ら工夫して効率よく仕事をして定時までに業務を完了する従業員Aさんと，要領が悪く仕事の効率が上がらずだらだら残業する従業員Bさんがいたとします。優秀な従業員はAさんであることは間違いないですが，Aさんには残業代が発生していないため，給料の金額は効率の悪い従業員Bさんの方が残業代の分高くなってしまいます。こうした状況では，工夫して努力しているAさんが報われません。そこで，定額残業制をとり，残業をしていないAさんにも残業代分が支払われるように制度を構築するのです。そうすることで，Aさんからみた不平等は改善されます。また，Bさんも残業をしてもしなくても残業代が支払われるのであれば，もっと効率よく仕事を完了しようというモチベーションに繋がり生産性の向上が期待できるのです。

② デメリット

　定額残業制は，制度設計や運用の方法に誤りがあると，余計に残業代の支払いを増やしてしまう危険性があります。前記した①通業の賃金と割増賃金が明確に区分されていること，②手当が割増賃金の対価として支払われていることの条件を満たさない場合には，固定残業代として支払いをしていた金額分が割増賃金を計算するにあたっての基礎賃金に加算されることになるのです。つまり，1時間当たりの割増賃金がより高額になりますし，それまで残業代と考えて払っていた金額も残業代の支払いとして認められないのです。したがって，定額残業制は，入念に検討して制度設計し，適切に運用していくことが不可欠です。

　その他のデメリットとしては，労働者が定額分の残業が義務であると誤解される可能性はあります。この点については，制度導入にあたって，制度の概要や労働者にとってのメリットなどを十分に説明することで解消することが必要でしょう。

変形労働時間制

1 変形労働時間制とは

(1) 変形労働時間制の概要

　労働時間は，原則として1週40時間，1日8時間までという規制があります（法定労働時間〔労基法32条〕）。しかし，時期によって繁閑の波が大きく一時的に法定労働時間を超える労働が必要な時期もあれば，法定労働時間よりも少ない時間で済む時期もあり，労働時間の多寡が時期によって変化する事業も存在します。変形労働時間制は，一定の条件のもと1週40時間・1日8時間の規制を一定期間のなかで変形して所定労働時間を設定することで，1日，1週の法定労働時間を超えたとしても，法定労働時間を超えたものとして取り扱われずに済む制度です。繁閑の波が大きい業種では，繁忙期には，所定労働時間を長く設定して，閑散期には労働時間を短く設定することで，労働時間や割増賃金の支払いを削減することができます。

　労働時間に関する規制を弾力化する制度であるという点で，フレックスタイム制や裁量労働時間のみなし制と同様の機能がありますが，労働時間の特定が必要である点でフレックスタイム制とは異なり，実労働時間の把握が必要な点は裁量労働時間のみなし制とも異なります。

　厚生労働省が発表している「平成30年就労条件総合調査」では，変形労働時間制（フレックスタイム制を含む）を採用している企業は60.2％となっていま

す。企業規模別では，従業員1000人以上の会社が74.5％，従業員300～999人が68.8％，従業員100～299人が62.4％，30～99人が58.2％となっています。1年単位の変形労働時間制の種類別で見ると1年単位の変形労働時間制が35.3％，1か月単位の変形労働時間制は22.3％となっています（複数回答を前提とした集計）。

　変形労働時間制において対象となる期間は，1か月単位，1年間単位，1週間単位の3種類がありますので，それぞれの企業の状況に合わせて，対象期間を決める必要があります。

(2)　変形労働時間制のメリット

　変形労働時間制を採用する最大のメリットは，業務量に応じて必要な労働力を調整することができるので，従業員の労働時間を短くすることができ，結果として残業代の支払いを抑制することができます。

　労働者としても閑散期に無駄に会社に残る必要性がなくなり，プライベートな時間を増やすことができます。ワークライフバランスを重視する現在の風潮にも沿った制度です。

(3)　変形労働時間制のデメリット

　変形労働時間制を導入するにあたっては，就業規則の改訂や労使協定の締結など一定のコストと手間がかかります。また，シフト調整や勤怠管理や残業代計算などが通常の場合よりもやや複雑になるので，その点は注意する必要があります。

2　実務上の問題点

---

(1)　1か月単位の変形労働時間制

①　制度の概要

　1か月単位の変形労働時間制は，1か月以内の一定期間を平均して1週間当

たりの所定労働時間が40時間を超えない範囲内であれば，特定の日や週に法定労働時間を超えて労働させることができる制度です（労基法32条の2）。

　対象期間を平均して週40時間（特別措置対象事業場は44時間）を超えないためには，対象期間中の労働時間の合計は下表の時間内に設定しなければなりません。

週の法定労働時間	月の歴日数			
	28日	29日	30日	31日
40時間	160	16.7	171.4	177.1
44時間	176	182.2	188.5	194.8

② 規定事項

　1か月単位の変形労働時間制を実施するにあたっては，事業場の労使協定あるいは就業規則その他これに準じるものによって，下表の①～④の事項を規定する必要があります。また，所轄の労働基準監督署長に対する届出（労基法32条の2第2項）及び労働者に周知する必要（労基法106条）があります。

〔図表1　1か月の変形労働時間制の規定事項〕

① 対象労働者の範囲
法令上，対象労働者の範囲について制限はありませんが，その範囲は明確に定める必要があります。

② 対象期間および起算日
対象期間および起算日は，具体的に定める必要があります。
例えば，毎月1日を起算日とし，1か月を平均して1週間当たり40時間以内とします。
対象期間は，1か月以内の期間に限ります。

③ 労働日および労働日ごとの労働時間
シフト表や会社カレンダーなどで，②の対象期間すべての労働日ごとの労働時間をあらかじめ具体的に定める必要があります。その際，②の対象期間を平均

して，1週間当たりの労働時間が40時間（特例措置対象事業場は44時間）を超えないよう設定しなければなりません。なお，特定した労働日または労働日ごとの労働時間を任意に変更することはできまん。

④　労使協定の有効期間

労使協定を定める場合，労使協定そのものの有効期間は②の対象期間より長い期間とする必要がありますが，1か月単位の変形労働時間制を適切に運用するためには，3年以内程度とすることが望ましいでしょう

③　利用方法

例えば，月初が繁忙期で，月末が閑散期の場合であれば，月初の最初の週の平日5日間については所定労働時間を1日10時間と設定し，月末最後の週の平日5日間に関しては，所定労働時間を1日6時間にすることが考えられます。

下記のカレンダー（2020年3月）の例で考えると，2日，3日，4日，5日，6日については所定労働時間を1日10時間にして，25日，26日，27日，30日，31日に関しては所定労働時間を1日6時間にして調整することになります。

日曜日	月曜日	火曜日	水曜日	木曜日	金曜日	土曜日
1	2	3	4	5	6	7
8	9	10	11	12	13	14
15	16	17	18	19	20	21
22	23	24	25	26	27	28
29	30	31				

(2)　1年単位の変形労働時間制

①　制度概要

1年単位の変形労働時間は，1か月を超え1年以内の一定の期間を平均し1週間当たりの労働時間が40時間を超えない範囲内であれば，特定の日，週に法定労働時間を超えて労働させることができる制度です（労基法32条の4）。

企業によっては，1年の間で繁忙期，閑散期を事前に把握することができる

業種もあるかと思います。こうした企業では，閑散期は，労働時間を短縮して設定し，繁忙期には労働時間を長めに設定することで，無駄のない労働時間の配分をすることができ，残業代の支払いを抑制することができます。

② 導入にあたっての注意点

（ア）労使協定の締結と届出が必要　1か月単位の変形労働時間制では，必ずしも労使協定は必要なく，就業規則ないしそれに準ずるものに定めることで足ります。しかし，1年単位の変形労働時間制では，必ず労使協定を締結し，所轄の労働基準監督署に届出をしなければなりません。

（イ）労働日数，労働時間の限度　対象期間の労働日数の限度は，原則として280日です。ただし，対象期間が3か月までの場合は，1年当たり313日となります（1週1休が前提とされています）。

　1日の労働時間の限度は10時間であり，1週間の労働時間の限度は52時間です。ただし，対象期間が3か月を超える場合は，次の①・②に適合している必要があります。

① 労働時間が48時間を超える週を連続させることができるのは3週以下であること
② 対象期間を3か月ごとに区分した各期間において，労働時間が48時間を超える週は，週の初日で数えて3回以下であること

　対象期間における連続して労働させる日数の限度は6日です。特定期間における連続して労働させる日数の限度は，1週間に1日の休日が確保できる日数です。

（ウ）規定事項　1年単位の変形労働時間制を採る場合には，労使協定により下表の事項を規定しなければなりません。

① 対象労働者の範囲
可能な限り明確に特定する必要があります。1年単位で業務の繁閑が明らかな従業員など，1年単位の変形労働時間制になじむ労働者を対象とすべきで

しょう。

②　対象期間及び起算日

　1年単位の変形労働時間制の対象期間は，1か月を超え1年以内の期間で定めることができます。つまり，3か月，半年といった期間を対象期間とすることも可能です。

③　特定期間

　対象期間中に特に業務が繁忙となる期間を特的期間として定めることができます。特定期間として定めた期間は，連続の労働日数を12日として定めることができます。

④　労働日及び労働日ごとの労働時間の特定

　対象期間を平均して1週間の労働時間が40時間を超えないように，各日，各週の所定労働時間を定めることが必要であり，これは全期間にわたって定めなければなりません。

　ただし，対象期間を1か月以上の期間に区分することとした場合には，ⓐ最初の期間における労働日，ⓑ最初の期間における労働日ごとの労働時間，ⓒ最初の期間を除く各期間における労働日数，ⓓ最初の期間を除く各期間における総労働時間を定めればよいことになっています。この場合においても，最初の期間以外の各期間の労働日と労働時間は，その期間の初日の30日前までには，過半数労働組合，それがない場合には労働者の過半数の代表の同意を得て，書面により定めなければなりません。

⑤　労使協定の有効期間

（エ）利用方法　　1年間単位の変形労働時間制は，年間を通じて繁閑の時期が明確である場合に有効な制度です。例えば，夏季に繁忙期が来るのであれば，夏季の所定労働時間を増やしたり，あるいは週休1日にするなどし，逆に閑散期では所定労働時間を減らし，週休3日にするなどして，1年を通して無駄のない労働時間の設定が可能となります。ただし，所定労働時間を増やしたり，週休1日にする場合には，上記の規制に違反しないよう工夫して制度設計しなければなりません。

〔書式２　変形労働時間に関する協定書（１年単位）〕

１年単位の変形労働時間制に関する労使協定書

　株式会社○○と株式会社○○従業員代表○○○○は，１年単位の変形労働時間制に関し，次のとおり協定する。

（勤務時間）
第１条　所定労働時間は，１年単位の変形労働時間制によるものとし，１年を平均して週40時間を超えないものとする。
　　　　１日の所定労働時間は　　　時間　　分とし，始業・終業の時刻，休憩時間は次のとおりとする。
　　　　始業：　時　分　　　　　終業：　時　　分
　　　　休憩：　時　分〜　時　　分

（起算日）
第２条　変形期間の起算日は，令和　年　月　日とする。

（休　日）
第３条　変形期間における休日は，別紙「年間カレンダー」のとおりとする。

（時間外手当）
第４条　会社は，第１条に定める所定労働時間を超えて労働させた場合は，時間外手当を支払う。

（対象となる従業員の範囲）
第５条　本協定による変形労働時間制は，次のいずれかに該当する従業員を除き，全従業員に適用する。
　(1)　18歳未満の年少者

(2)　妊娠中又は産後1年を経過しない女性従業員のうち，本制度の適用免除を申し出た者

(3)　育児や介護を行う従業員，職業訓練又は教育を受ける従業員その他特別の配慮を要する従業員に該当する者のうち，本制度の適用免除を申し出た者

（特定期間）

第6条　特定期間は定めないものとする。

（有効期間）

第7条　本協定の有効期間は，起算日から1年間とする。

令和　　　年　　　月　　　日

（使用者）　　　　　　　　　㊞

（従業員代表）　　　　　　　㊞

(3)　1週間単位の変形労働時間制

①　制度の概要

　1週間単位の変形労働時間制は，規模30人未満の小売業，旅館，料理・飲食店の事業においてのみ，認められる制度です。1年単位と同様に労使協定の締結が必須となります。

　小売業や旅館などでは，週のなかでも日ごとに繁閑が異なることが多いと考えられるため，労使協定の締結を要件として，事前に労働時間を通知することで毎日の所定労働時間を決める制度です。

②　注意点

（ア）労使協定の締結　　　1週間単位の変形労働時間制を採用するにあたっては，労使協定の締結が要件です。対象となる労働者の範囲を特定し，1週間の所

定労働時間は40時間以内とし，各従業員の１日の所定労働時間は10時間以内
とすることを定めなければなりません。

（イ）労働時間の限度　　１週間単位の変形労働時間制の対象期間は１週間です。
１週間の所定労働時間は40時間以内にしなければならず，１日の所定労働時
間は，最長10時間までです。

（ウ）書面での事前通知　　各勤務日の始業と終業時刻は，少なくとも当該１週
間が始まる前に従業員に書面で知らせる必要があります。10人以上の事業場
では，就業規則に１週間の所定労働時間と各勤務日の始業・終業時刻を労働
者に通知する時期・方法を規定しておかなければなりません。

　事前通知した労働時間を変更する場合には，変更する日の前日までに書面
で労働者に通知しなければなりません。ただし，自由に変更することができ
るわけでなく，緊急やむを得ない事由があることが必要です。緊急やむを得
ない事由については，会社の都合ではなく，地震や台風など天災による場合
に該当すると考えられています。

③　利用方法

　１週間単位の変形労働時間制については，１か月単位，１年単位の変形労働
時間制とは異なり，制度の利用が事業の規模や業種で制限されています。

　利用方法としては，例えば，飲食店などで週末に繁忙になるのであれば，週
末の労働時間を10時間にして，そうでない曜日については，６時間にするなど
調整することが考えられます。

〔書式３　変形労働時間に関する協定書（１週間単位）〕

１週間単位の変形労働時間制に関する労使協定書

　株式会社○○と株式会社○○従業員代表○○○○は，１週間単位の非
定型的変形労働時間制に関し，次のとおり協定する。

（対象となる従業員の範囲）

第1条　本協定による変形労働時間制は，次のいずれかに該当する従業員を除き，全従業員に適用する。

(1)　18歳未満の年少者

(2)　妊娠中又は産後1年を経過しない女性従業員のうち，本制度の適用免除を申し出た者

(3)　育児や介護を行う従業員，職業訓練又は教育を受ける従業員その他特別の配慮を要する従業員に該当する者のうち，本制度の適用免除を申し出た者

(労働期間)

第2条　1週間の所定労働時間は40時間以内とし，各従業員の1日の所定労働時間は10時間以内とする。

(有効期間)

第3条　本協定の有効期間は，起算日から1年間とする。

令和　　年　　月　　日

　　　　　　　　　　(使用者)　　　　　　　　　　　　㊞

　　　　　　　　　　(従業員代表)　　　　　　　　　　㊞

3　トラブル防止のポイント

(1)　割増賃金の支払い

　変形労働時間制を採用した場合であっても，割増賃金の支払いは必要になります。考え方は下表のとおりです。これまで説明してきた各変形労働時間制の要件を満たさない場合には，通常どおりの割増賃金の計算がなされることになりますので注意しなければなりません。

> ①　1日について，1日の法定労働時間を超える時間を規定している日はその時間を超えた時間，それ以外の日は法定労働時間を超えた時間。
> ②　1週間について，週の法定労働時間を超える時間を定めた週はその時間を超えた時間，それ以外の週は週の法定労働時間を超えた時間。
> ③　変形期間については，変形期間における法定労働時間の総枠を超えて労働した時間。

(2)　適切な制度設計と運用

　変形労働時間制を採用している企業も多いかと思いますが，要件に従って適切に運用できていない企業も一定数あるように思います。法定の要件を満たしていない場合には，当然，変形労働時間制は認められず，結果的に労基法違反（労基法32条・36条など）となってしまいます。

　また，上記したように変形労働時間制が認められない結果，割増賃金の計算は，通常どおりの計算となるため，思いもよらない割増賃金の支払義務が生じる可能性もあります。

　したがって，変形労働時間制を採用する企業は，自社の規定や運用状況を改めて確認し，万一，不備があった場合には速やかに改善する必要があります。

(3)　罰　則

　1か月単位，1年単位，1週間単位のいずれの変形労働時間制も各条項の要件を満たさないで週又は日の法定労働時間を超えて労働させた場合には，労基法32条違反として罰則の適用を受けることになります。

　労基署に労使協定の届出をしなかった場合には，30万円以下の罰金が科されます。また，1週単位の変形労働時間制を採った場合，前週末までに翌週の各日の労働時間を書面により通知しなかった場合にも30万円以下の罰金が科されることになりますので，注意しなければなりません。

裁量労働制

1　専門業務型裁量労働制

(1)　専門業務型裁量労働制の概要

　専門性が高い職種については，業務の遂行の手段や方法，時間配分について労働者に裁量を与えた方が，より円滑に業務を進めることができる場合があります。

　裁量労働制は，こうした業務について，法定の要件を満たせば，労使協定で定まった時間を労働したものとみなすことができる制度です。専門業務型裁量労働制は，法令等で定められた19業務のなかから対象となる業務を労使協定で定め，労働者を実際にその業務に就かせた場合，労使協定であらかじめ定めた時間を労働したものとみなすという制度になります。

　対象となる業務は下表の19種類の業務です。

---

①　新商品若しくは新技術の研究開発又は人文科学若しくは自然科学に関する研究の業務
②　情報処理システムの分析又は設計の業務
③　新聞若しくは出版の事業における記事の取材若しくは編集の業務又は番組の制作のための取材若しくは編集の業務
④　衣服，室内装飾，工業製品，広告等の新たなデザインの考案の業務

⑤　放送番組，映画等の制作の事業におけるプロデューサー又はディレクターの業務
⑥　コピーライターの業務
⑦　システムコンサルタントの業務
⑧　インテリアコーディネーターの業務
⑨　ゲーム用ソフトウェアの創作の業務
⑩　証券アナリストの業務
⑪　金融工学等の知識を用いて行う金融商品の開発の業務
⑫　大学における教授研究の業務（主として研究に従事するものに限る）
⑬　公認会計士の業務
⑭　弁護士の業務
⑮　建築士（一級建築士，二級建築士及び木造建築士）の業務
⑯　不動産鑑定士の業務
⑰　弁理士の業務
⑱　税理士の業務
⑲　中小企業診断士の業務

　専門業務型裁量労働制では，その業務の遂行の手段や時間配分などについては，労働者が自らの判断で決定することになり，プロセスは重視されず成果を出せば評価されることになります。したがって，労働者は，最も効率の良い方法を選択して業務遂行することが期待でき，個々の生産性が上がることが期待されます。

　また，企業としても，労働者に最低限の指示をしておけば，労働時間の把握や就業場所などの管理をすることが不要となるため，企業の負担は軽減されます。もっとも，導入にあたっては手続が煩雑であり，適切な手続を経ずに導入しているケースもあり，後々問題となることもありますので，十分注意しなければなりません。

(2)　専門業務型裁量労働制の導入

　専門業務型裁量労働制を導入するにあたっては，下記事項について労使協定で定めたうえで，労働基準監督署に届出をすることが必要です。労働基準監督

署への届出は，効力要件ではないと考えられているため，届けていなくても労働者との関係では，民事上の効果は生じると考えられます。しかし，届け出ていない場合には，30万円以下の罰金の罰則が設けられています。

---

① 制度の対象とする業務
② 対象となる業務遂行の手段や方法，時間配分等に関し労働者に具体的な指示をしないこと
③ 労働時間としてみなす時間
④ 対象となる労働者の労働時間の状況に応じて実施する健康・福祉を確保するための措置の具体的内容
⑤ 対象となる労働者からの苦情の処理のため実施する措置の具体的内容
⑥ 協定の有効期間（※3年以内とすることが望ましい。）
⑦ ④及び⑤に関し労働者ごとに講じた措置の記録を協定の有効期間及びその期間満了後3年間保存すること

　また，専門業務型裁量労働制を労使間の労働契約の内容とするために，就業規則に定めを置く必要があります。下表は，東京労働局が公表している専門業務型裁量労働制の就業規則の規定例です。

第○条　専門業務型裁量労働制は，労使協定で定める対象労働者に適用する。
2　前項で適用する労働者（以下「裁量労働適用者」という。）が，所定労働日に勤務した場合には，第○条に定める就業時間に関わらず，労使協定で定める時間労働したものとみなす。
3　前項のみなし労働時間が所定労働時間を超える部分については，賃金規程第○条により割増賃金を支給する。
4　裁量労働適用者の始業・終業時刻は，第○条で定める所定就業時刻を基本とするが，業務遂行の必要に応じ，裁量労働適用者の裁量により具体的な時間配分を決定するものとする。
5　裁量労働適用者の休憩時間は，第○条の定めによるが，裁量労働適用者の裁量により時間変更できるものとする。
6　裁量労働適用者の休日は第○条で定めるところによる。

7　裁量労働適用者が，休日又は深夜に労働する場合については，あらかじめ所属長の許可を受けなければならないものとする。

8　前項により，許可を受けて休日又は深夜に業務を行った場合，会社は，賃金規程第〇条により割増賃金を支払うものとする。

2　企画業務型裁量労働制

(1)　企画業務型裁量労働制の概要

　企画業務型裁量労働制は，「事業の運営に関する事項についての企画，立案，調査及び分析の業務であって，当該業務の性質上これを適切に遂行するにはその遂行の方法を大幅に労働者の裁量に委ねる必要があるため，当該業務の遂行の手段及び時間配分の決定等に関し使用者が具体的な指示をしないこととする業務」（労基法38条の4第1項1号）に就く労働者に認められる裁量労働制です。

　企画業務型裁量労働制でも，専門業務型裁量労働制と同様に，業務のプロセスは労働者の裁量に委ね，会社はその成果を評価する制度であり，労働者の生産性の向上を期待する制度です。

(2)　企画業務型裁量労働制の導入

　企画業務型裁量労働制を導入するにあたっては，①労使委員会を設置すること，②法定事項について労使委員会の委員の5分の4以上の多数により決議されること，③当該決議を労働基準監督署に届け出ること，④労働者が個別に同意することが必要になります。

　また，労使間の労働契約の内容とするために就業規則で規定を置くことが必要となります。

　以下では，厚生労働省の見解に沿って説明します。

①　労使委員会の設置

　労使委員会の設置にあたっては，会社と労働組合又は労働者の過半数代表者で，労使委員会の設置にかかる日程や手順などを話し合うことが望ましいでしょう。

　労使委員会は，労働者を代表する委員と，使用者を代表する委員で構成されます。委員の人数について規定はありませんが，労働者を代表する委員が半数を占めておかなければならず，労使各1名で合計2名という労使委員会は認められません。

　使用者代表委員は，使用者の指名により選出し，労働者代表委員は，対象事業場の過半数労働組合又は過半数労働組合がない事業場においては過半数代表者から，任期を定めて指名を受けることになります。

　委員が確定した後，委員会の招集，定足数，議事その他運営に必要な事項を定めた運営規定を策定することが必要となります。

②　労使委員会による決議

　労使委員会により，下記の8点について，委員の5分の4以上の多数により決議が必要となります。

　Ⅰ　対象となる業務の具体的な範囲
　Ⅱ　対象労働者の具体的な範囲
　Ⅲ　労働したものとみなす時間
　Ⅳ　使用者が対象となる労働者の勤務状況に応じて実施する健康及び福祉を確保するための措置の具体的内容
　Ⅴ　苦情の処理のため措置の具体的内容
　Ⅵ　本制度の適用について労働者本人の同意を得なければならないこと及び不同意の労働者に対し不利益取扱いをしてはならないこと
　Ⅶ　決議の有効期間
　Ⅷ　企画業務型裁量労働制の実施状況に係る記録を保存すること

（ア）対象となる業務の具体的な範囲　　対象となる業務は，①業務が所属する事業場の事業の運営に関するものであること，②企画，立案，調査及び分析

の業務であること，③業務の遂行の方法を大幅に労働者の裁量に委ねる必要
があることが，業務の性質に照らして客観的に判断される業務であること，
④企画・立案・調査・分析という相互に関連し合う作業を，いつどのように
行うか等についての広範な裁量が労働者に認められている業務であることが
必要となります。

下表は，厚生労働省が公表している対象業務の例を簡単にまとめたものです。

〇**経営計画を担当する部署**
・経営状態・経営環境等について調査及び分析を行い経営に関する計画を策定
　する業務
・現行の社内組織の問題点やその在り方等について調査及び分析を行い，新た
　な人事制度を策定する業務

〇**人事・労務を担当する部署**
・現行の人事制度の問題点やその在り方等について調査及び分析を行い，新た
　な人事制度を策定する業務
・業務の内容やその遂行のために必要とされる能力等についての調査及び分析
　を行い，社員の教育・研修計画を策定する業務

〇**財務経理を担当する部署**
・財務状態等について調査及び分析を行い，財務に関する計画を策定する業務

〇**広報を担当する部署**
・効果的な広告手法等について調査及び分析を行い，広報を企画・立案する業
　務

〇**営業に関する企画を担当する部署**
・営業成績や営業活動上の問題点等について調査及び分析を行い，企業全体の
　営業方針や取り扱う商品ごとの全社的な営業方針に関する計画を策定する業
　務

〇**生産に関する企画を担当する部署**
・生産効率や原材料等に係る市場の動向等についての調査及び分析を行い，原
　材料等の調達計画も含め全社的な生産計画を策定する業務

下表は，対象業務となり得ない例として厚生労働省が公表しているものです。

○経営に関する会議の庶務等の業務

○人事記録の作成及び保管，給与の計算及び支払，各種保険の加入及び脱退，
　採用・研修の実施等の業務

○金銭の出納，財務諸表・会計帳簿の作成及び保管，租税の申告及び納付，予
　算・決算にかかる計算等の業務

○広報誌の原稿の校正等の業務

○個別の営業活動の業務

○個別の製造等の作業，物品の買い付けなどの業務

（イ）対象労働者の具体的な範囲　　対象労働者は，対象業務に常態として従事していることが必要です。1年目の新人は対象とはできません。少なくとも3～5年の職業経験が必要となります。

（ウ）労働したものとみなす時間　　労働したものとみなす時間を1日単位で決めなければなりません。法令上，みなし労働時間の決め方について，具体的な規定はありませんが，当該労働者の業務内容を踏まえて適切な水準で設定する必要があります。

（エ）使用者が対象となる労働者の勤務状況に応じて実施する健康及び福祉を確保するための措置の具体的内容　　会社は，労働者の健康と福祉を確保するために，ⓐ対象労働者の勤務状況を把握する方法を具体的に定めること，ⓑ把握した勤務状況に応じ，どういう状況の対象労働者に対し，いかなる健康・福祉確保措置をどのように講ずるかを明確にすることが求められます。

（オ）苦情の処理のため措置の具体的内容　　労働者からの苦情について，申出の窓口，取り扱う苦情の範囲など，措置の具体的内容を決議で定めることが求められます。

（カ）本制度の適用について労働者本人の同意を得なければならないこと及び不同意の労働者に対し不利益取扱いをしてはならないこと　　労働者の同意に関する手続，同意の撤回を認める場合にはその手続についても決議することが望ましいと考えられています。

　　不利益処分については，解雇や，配置や賃金，懲戒処分などが含まれます。

（キ）決議の有効期間　　決議の有効期間としては，3年以内とすることが望ましいとされています。

（ク）企画業務型裁量労働制の実施状況に係る記録を保存すること　　決議の有効期間中及びその満了後3年間保存することとされています。

③　当該決議を労働基準監督署に届け出ること

労使委員会で決議した内容を所轄の労働基準監督署に届け出ることが必要です。専門型裁量労働制の場合と異なり，届出をしない場合には，労働時間のみなしの効果が否定されることになります。

④　労働者が個別に同意すること

適用対象となる労働者ごとに同意を得る必要があります。就業規則による包括的な同意は個別の合意にはあたりません。

また，労使委員会の決議の有効期間ごとに個別に同意を得なければなりません。

⑤　就業規則の定め

企画業務型裁量労働制を労使間の労働契約の内容とするために，就業規則で規定することが必要です。

厚生労働省が公表している就業規則の規定例は，下記のとおりです。

第〇条
1　企画業務型裁量労働制は，〇〇株式会社本社事業場労使委員会の決議（以下「決議」という。）で定める対象労働者であって決議で定める同意を得たもの（以下「裁量労働従事者」という。）に適用する。
2　前項の同意は，決議ごとに，個々の労働者から書面により得るものとする。
3　裁量労働従事者が，所定労働日に勤務した場合には，第〇条に定める就業時間にかかわらず，決議で定める時間勤務したものとみなす。
4　始業・終業時刻及び休憩時間は，第〇条に定める所定就業時刻，所定休憩時間を基本とするが，業務遂行の必要に応じ，裁量労働従事者の裁量により具体的な時間配分を決定するものとする。

```
  5  休日は，第〇条に定めるところによる。
  6  裁量労働従事者が，休日又は深夜に労働する場合については，あらかじめ
     所属長の許可を受けなければならないものとする。
  7  前項により，許可を受けて休日又は深夜に業務を行った場合，会社は，賃
     金規程の定めるところにより割増賃金を支払うものとする。
```

3　実務上の問題点とトラブル防止のポイント

　以下では，専門型裁量労働制，企画業務型裁量労働制を採用するにあたっての実務上の問題点について説明します。

(1)　労基法の適用

　裁量労働制は，あくまで労働時間の算定にあたって，労使協定で定めた労働時間働いたことをみなす制度であり，休憩（労基法34条），休日（同法35条），時間外・休日労働（同法36条・37条），深夜労働（同法37条4項）が適用除外されるわけではありません。したがって，各規定に違反しないようにケアする必要があります。

①　休憩時間

　休憩時間は，労働者に一斉に付与することが原則（労基法34条2項）ですが，裁量労働制対象者を含めて，休憩を一斉付与することは，労働者に労働時間の配分を委ねる裁量労働制の趣旨からして現実的ではありません。
　したがって，労使協定により，一斉休憩の原則の適用除外の合意をしておくことが必要になります。

②　時間外労働

　労使協定で定めたみなし時間が，法定労働時間を超える場合には，その時間

分働いたとみなされるため，法定時間を超える部分については，割増賃金を支払わなければなりません。

　つまり，みなし時間を10時間とした場合には，法定労働時間 8 時間を超えている 2 時間分については，時間外の割増賃金を支払わなければなりません。

③　休日労働・深夜労働

　裁量労働者についても，法定休日に労働した場合，深夜労働した場合には，割増賃金を支払わなければなりません。

　つまり，会社は，休日や深夜に労働したかどうかを把握することが必要となります。把握を簡単にするために，休日労働，深夜労働は原則禁止として，必要な場合に，事前に許可を得なければならないことを就業規則で定めることが考えられます。

⑵　裁量労働者の会議の出席

　裁量労働制の適用を受ける労働者も，すべての業務を一人で行えるわけではありません。会社のなかの一員として働く以上，他との調整が必要となります。また，裁量労働制の適用を受ける労働者といえども，あくまで労働者であり，会社の指揮命令は受けることになりますから，裁量労働者を会議に出席するよう命じることは可能であると考えられます。

⑶　裁量労働者の勤務状況の把握

　裁量労働者は，労働時間に裁量があるので，会社は，裁量労働者の出退勤の時刻を把握する義務はありません。もっとも，会社は，裁量労働者の健康を害さないよう労働時間等の勤務の状況を把握することが求められます。

　具体的には，出勤日数や休日労働の日数，深夜労働の回数・時間数などを把握すべきでしょう。把握の方法としては，労働者から自己申告してもらうことになります。労働者の健康や福祉を害さないためにも，真実を申告してもらわなければなりません。会社としては，裁量労働者に対して，申告させる目的や重要性を十分に説明することが求められます。

事業場外のみなし労働時間制

1　事業場外のみなし労働時間制とは

(1)　条　文

　事業場外のみなし労働時間制は，労基法38条の2に定められた制度です。同条項は以下のような内容です。

> **労基法38条の2**　労働者が労働時間の全部又は一部について事業場外で業務に従事した場合において，労働時間を算定し難いときは，所定労働時間労働したものとみなす。ただし，当該業務を遂行するためには通常所定労働時間を超えて労働することが必要となる場合においては，当該業務に関しては，厚生労働省令で定めるところにより，当該業務の遂行に通常必要とされる時間労働したものとみなす。
>
> **2**　前項ただし書の場合において，当該業務に関し，当該事業場に，労働者の過半数で組織する労働組合があるときはその労働組合，労働者の過半数で組織する労働組合がないときは労働者の過半数を代表する者との書面による協定があるときは，その協定で定める時間を同項ただし書の当該業務の遂行に通常必要とされる時間とする。
>
> **3**　使用者は，厚生労働省令で定めるところにより，前項の協定を行政官庁に届け出なければならない。

(2)　制度の趣旨

　事業場外のみなし労働時間制は，労働者が会社外で業務に従事する場合，労働時間の把握が困難なケースがあるため，一定の条件のもとに，所定労働時間あるいは，通常必要とされる時間労働したものとみなすことができる制度です。

　会社は，本来，労働者の労働時間を把握することを義務付けられていますが，この制度は，使用者の労働時間を把握する義務を免除する制度であり，例外的な制度であるといえます。

(3)　要　件

　事業場外みなし労働制は，企業とすれば，労働時間の把握義務が免除されるため便利な制度ではありますが，例外規定である以上，要件も厳格に捉えられています。採用するにあたっては，当該労働者が，下記の法定の要件に当てはまるのかどうか慎重に検討しなければなりません。

---

　①　事業場外で業務に従事していること
　②　労働時間の算定が難しいこと

---

①　事業場外で業務に従事していること

　事業場外での業務は，労働者が所属している事業所から場所的に離れて業務していることが必要であり，会社の通常の労働時間の把握システムの外にあることを前提としています。

　ここでいうところの事業場外での業務は，恒常的に会社の事業所を離れている場合のほか，出張などで臨時的に事業所を離れる場合も含まれています。

　業務の典型的な例としては，保険外交員，新聞記者などがあげられます。

②　労働時間の算定が難しいこと

　事業場外労働のみなし制の要件として，「労働時間を算定し難い」ことが必要となります。企業の中には，事業場の外で業務している場合には，働いてい

るかどうか分からないので，労働時間を算定できないと考えられていることがあります。しかし，本来，会社は労働者の労働時間を把握する義務があるので，単に，事業場外で労働してることのみをもって「労働時間を算定し難い」とはいえません。

　行政通達（昭和63・1・1基発1号）では，以下のケースについては，「労働時間を算定し難い」とはいえず，事業場外労働のみなし制の適用を否定します。

---

　① 　何人かのグループで事業場外労働に従事する場合で，そのメンバーの中に労働時間の管理をする者がいる場合
　② 　無線やポケットベル等によって随時使用者の指示を受けながら事業場外で労働している場合
　③ 　事業場において，訪問先，帰社時刻等当日の業務の具体的指示を受けた後，事業場外で指示どおりに業務に従事し，その後，事業場に戻る場合

（ア）何人かのグループで事業場外労働に従事する場合で，そのメンバーの中に労働時間の管理をする者がいる場合　　この場合，事業場外で労働していたとしても労働時間の管理者がいるため，会社としては，当該労働者を通じて，その他それぞれの労働者について個別に労働時間を管理することができます。したがって，「労働時間を算定し難い」ケースにはあたらないと考えられます。

（イ）　無線やポケットベル等によって随時使用者の指示を受けながら事業場外で労働している場合　　現代では，無線やポケットベルではなく携帯電話での管理が前提になります。事業場外で就労する労働者であっても，携帯電話を所持させておいて，業務の区切りごとに，電話やメールなどで随時指示命令し，業務報告をさせることで労働時間の把握が可能となるため，こうした場合には，「労働時間を算定し難い」ケースにはあたらないと考えられています。

（ウ）事業場において，訪問先，帰社時刻等当日の業務の具体的指示を受けた後，事業場外で指示どおりに業務に従事し，その後，事業場に戻る場合　　会社としては，当日の業務内容を具体的に指示を行い，その指示に従った業務しか想定されないような場合であれば，具体的な労働時間を把握しうる立場にあるので，「労働時間を算定し難い」ケースにはあたらないと考えられていると思

われます。

2　裁判例にみる実務上の問題点

　実際に，どのようなケースで事業場外のみなし労働時間制が適用できるのか
を検討するにあたっては，裁判例が参考になりますが，会社にとっては厳しい
判決が多いといえます。

（判例1）阪急トラベルサポート事件（最判平成26・1・24労判1088号5頁）
（事案の概要）
　旅行業を営む会社に添乗員として派遣された労働者の添乗員業務が「労働時
間を算定し難い」といえるか争われた事案。
（判示の概要）
　判例では，以下のポイントを指摘して「労働時間を算定し難いとき」には該
当しないと結論付けています。
① 　ツアーの旅行日程について，日時や目的地等を明らかにして定められるこ
　とによって，業務の内容があらかじめ具体的に確定されており，添乗員が自
　ら決定できる事項の範囲及びその決定に係る選択の幅は限られていたといえ
　ること
② 　ツアーの開始前に，会社は添乗員に対し，具体的な目的地及びその場所に
　おいて行うべき観光等の内容や手順等を示すとともに，添乗員用のマニュア
　ルにより具体的な業務の内容を示し，これらに従った業務を行うことを命じ
　ていたこと
③ 　ツアーの実施中においても，本件会社は，添乗員に対し，携帯電話を所持
　して常時電源を入れておき，ツアー参加者との間で契約上の問題やクレーム
　が生じ得る旅行日程の変更が必要となる場合には，会社に報告して指示を受
　けることを求めていたこと
④ 　ツアーの終了後において，会社は，添乗員に対し，旅程の管理等の状況を
　具体的に把握することができる添乗日報によって，業務の遂行の状況等の詳
　細かつ正確な報告をさせており，その報告の内容については，ツアー参加者

> のアンケートを参照することや関係者に問い合わせをすることによってその
> 正確性を確認することができるものになっていること

　ツアーの添乗員業務が事業場外で行われることは明らかであり，会社として
は，添乗員の動向を詳細に管理するのは難しい状況ではあります。

　しかし，最高裁判所が，事前に業務内容が確定されていて業務遂行の手順も
指示しており（①，②の事情），携帯電話の電源は常にONにして業務遂行中に
問題が発生した場合や旅行日程の変更がある場合には会社報告させていたこと
（③の事情），添乗日報で詳細かつ正確に業務の報告をさせ，その内容の正確性
を確認できる状況であったこと（④の事情）から，労働基準法38条の2第1項
にいう「労働時間を算定し難いとき」にあたるとはいえないと解するのが相当
であると判断しました。

　本判例で検討されている要素は，①業務の性質・内容，②業務の遂行の態様
や状況，③会社の業務に関する指示及び労働者の報告の方法や内容，④指示や
報告の実施の態様や状況を踏まえて判断されています。

（判例2）光和商事事件（大阪地判平成14・7・19労判833号22頁）
（事案の概要）
　金融業者の営業社員が，違法解雇による慰謝料や，賃金体系変更による賃金
の差額，割増賃金等を請求した事案です。
（判示の概要）
　裁判所は，以下の点を指摘して，事業場外のみなし労働時間制を否定してい
ます。
① 　会社では，労働者の勤務時間を定めており，基本的に営業社員は会社に出
　　社して毎朝実施されている朝礼に出席し，その後，外勤勤務に出て，基本的
　　に午後6時までに帰社して事務所内の掃除をして終業となること
② 　営業社員は，メモ書き程度の簡単なものであるが，前日あるいは当日の朝
　　に，その日の行動内容を記載した予定表を会社に提出する必要があったこと
③ 　予定表に記載のある予定が終了し，労働者からその報告があった場合には，
　　会社においてその予定表の該当部分に線を引くなどしてこれを抹消していたこ
　　と
④ 　被告会社は営業社員全員に被告会社の所有の携帯電話を持たせていたこと

　本事例では，始業時に出社し，午後6時までに会社に戻ることとされており，始業と終業の時間は会社において把握することが可能です。また，外勤中においても，会社は，事前に提出された予定表によりおおむね労働者の予定を把握できる状況でした。さらに，会社は，労働者から予定の終了の連絡を受け，予定表の該当部分に線を引くなどして，外勤中の労働状況を把握していた実態がありました。こうした事情は，会社が労働時間を把握することができる方向の事情として捉えられています。

　携帯電話の所持についても，ただ単に所持していたというわけではなく，業務報告のために随時利用されていたことから，事業場外のみなし労働時間制の適用を否定する事情とされています。

（判例3）千里山生活協同組合事件（大阪地判平成11・5・31労判772号60頁）
（事案の概要）
　生活協同組合の従業員が，タイムカードに打刻された出勤・退勤時間に従って時間外，休日労働に対する割増賃金を支払うよう求めた事案です。
（判示の概要）
　裁判例は，問題となった個人宅への配送業務について，あらかじめ出発時刻と帰着時刻が定められ，配達コースも定まっていること，配達業務に従事する職員を含めて，その労働時間はタイムカードによって管理していたことから，労働時間を算定し難い場合には該当しないとして，事業場外のみなし労働時間制の適用を否定しました。

　本事例では，短距離の輸送業務で配送ルートも決まっており，出発時刻・帰着時刻が決まっていました。さらに，タイムカードで労働時間管理を行っていたことからも，労働者の労働時間の把握をすることが困難であったとは言い難い事案といえます。

　本事例とは異なり，長距離トラックの運転手の場合，その全体について具体的に労働時間を把握することが困難なケースもあるため，事案によっては，事業場外のみなし労働時間制を認める余地もあるかと考えます。

　もっとも，タコグラフの記録や日報の提出，携帯電話による随時の報告などを求めており，労働時間を把握することが可能な場合には，事業場外のみなし

労働時間制の適用は難しいでしょう。

3　トラブル防止のポイント

---

(1)　割増賃金の支払い

　事業場外のみなし労働時間制においても，割増賃金や休日，休憩といった労基法の規定は適用されます。

　事業場外労働のみなし労働時間制により算定される労働時間と事業場内で就労したい時間の合計が法定労働時間を超える場合には，割増賃金を支払わなければなりません。つまり，会社は，事業場外のみなし労働時間制を適用する労働者の事業場内での労働時間については，別途に管理しなくてはいけません。また，休日労働や深夜労働（労基法37条4項）についても労基法の適用があるため注意が必要です。

(2)　適用可能な労働者であるかを慎重に判断

　これまで見てきたとおり，裁判例においては，事業場外のみなし労働時間制の適用は厳しく判断されています。そもそも，適用可能な労働者であるのかの見極めも必要ですが，適用しうる労働者であっても，その運用次第では適用が否定される可能性もありえます。

　例えば，携帯電話を所持させていること自体は問題ありませんが，携帯電話で随時業務の指示を出したり，報告を求めているような場合には，適用が否定される方向で考えられます。

　阪急トラベルサポート事件において，指示や報告の実施の態様や状況も考慮事項とされていることから，事業場外のみなし労働時間制を適用する労働者への業務管理については，基本的に裁量を持たせることが必要でしょう。すなわち，随時指示報告が必要となるような事業場外での労働に関しては，事業場外のみなし労働時間制は適用できないと考えることが無難といえます。

第 **3** 編

ポストコロナの労務と
労働時間管理

働き方の変化への対応

　2020年に入り感染が拡大した新型コロナウイルスは，人々の意識と生活様式を大きく変化させました。マスクの着用，消毒の徹底，ソーシャルディスタンスの確保など，感染拡大を抑えるためにさまざまな対策がとられるようになりました。「働き方」についても大きな変化が生じています。人との接触を避けるために，テレワークが推奨され，出来る限り人との接触を避ける形での就労が望ましいと考えられるようになりました。この影響はどこまで続くかは分かりませんが，影響が続く限りは，感染防止を意識した就労体系が求められることになるでしょう。

　もっとも，収束した後も，コロナ前の就労体系にそのまま戻るということはないように考えられます。今回のコロナウイルスの流行をきっかけに，「働き方」についてさまざまな考察と工夫がなされ，「働き方」を考え直すきっかけにもなったといえます。

　また，AIの発達により，企業は人員を必要としなくなり，週休2日というこれまでの働き方ではなく，週休3日，4日とし，副業を広く認める企業も出てくると考えられます。

　さらに，若年層を中心として，ワークライフバランスを重視した「働き方」が注目され求められるようになっています。

　このように，現在は，ウイルスの拡大，科学技術の発展，人々の意識の変化により，これまでの「働き方」自体が大きく変わる変革期にあると考えられます。企業としては，こうした変化に対応すべく新たな就労体系を確立し，運用していくことが求められます。

新型コロナの影響による休業と
会社の賃金支払義務

1 はじめに

2020年は新型コロナウイルスが世界に大流行し，日本でも働き方を含め大きな影響を与えました。

2020年4月7日には，全国で緊急事態宣言が発令され，特定の業種には行政から休業が要請されました。

このような休業の要請を受け，あるいは，自主的に，休業をした会社も多いと思います。

新型コロナウイルスは，今なお，収束しておらず，第2波，第3波が懸念される状況にあります。そこで，本章では，その影響を受け，休業せざるを得なくなった場合の労働法的な問題を，会社の賃金支払義務を中心に解説したいと思います。

2 新型コロナウイルス（COVID-19）による休業要請

2020年4月7日に，緊急事態宣言がなされ，各都道府県で自粛要請が相次ぎ

ました。例えば，筆者の勤務地である福岡県の動きを振り返ると，福岡県知事より，県民に対し，生活維持に必要な場合を除いた外出の自粛，同4月14日からは，県内の事業者に対して休業等の要請が出されました。

　このような形で，緊急事態宣言後に休業をされた会社も少なからずあるでしょう。休業すると，従業員との間で給与の支払いについての問題が生じえます。

　現在も，新型コロナウイルスは収束しておらず，場合によっては，再度の緊急事態宣言や自粛要請はありうる話ですから，この点について解説いたします。

(1)　休業と労働法

　では，まずは休業について，法はどのように規定しているかという原則を確認しましょう。

①　会社に故意・過失がある場合の休業

　休業がもっぱら会社都合によるものである場合，従業員は会社に対して賃金を100％支払わなければなりません（民法536条2項）。

　ただし，この民法の規定は危険負担といいますが，当事者の特約で変更できます。したがって，就業規則等により民法536条2項の適用を排除していれば，賃金を100％は支払う必要はなくなります。

　もっとも，労働基準法26条は，「使用者の責に帰すべき事由による休業の場合においては，使用者は，休業期間中当該労働者に，その平均賃金の百分の六十以上の手当を支払わなければならない。」と規定しております。労働基準法は，最低基準を定めたものですから，就業規則や個別の契約でそれを下回る合意は無効となります。したがって，賃金の6割は必ず支払わなければなりません。

②　会社に経営，管理上の障害が生じたがゆえの休業

　この場合，会社に故意・過失があるとはいえませんが，労働基準法26条により，賃金の6割を支払う必要があります。これは，会社に非がなくとも，会社に対して6割の賃金の支払義務を負わせるものであり，特約で排除できないこ

とから，労働者たる従業員を厚く保護する規定です。

　例えば，取引先や鉄道・道路が被害を受け，原材料の仕入れ，製品の納入等が不可能となったことにより労働者を休業させる場合も，会社は賃金の6割は支払う必要があります。そのため，従業員の安全確保のために休業しなければならない状況が民法536条2項にいうところの，会社の責に帰すべき事由で生じたのではない場合であっても，従業員の就労が可能な状況において，会社の判断で，従業員の安全確保のために休業した場合には，労働基準法26条に基づく賃金の6割の支払義務は生じるのです。

③　天変地異等の不可抗力による休業

　天変地異等の不可抗力による休業については，労働基準法26条の「使用者の責に帰すべき事由による休業」とはいえないため，賃金の6割の休業手当を支払う必要はありません。

　ただし，厚労省によると，その場合にも①その原因が事業の外部から発生した事故であること，②事業主が通常の経営者として最大の注意を尽くしてもなお避けることができない事故であることを要件としているので，注意が必要です。厚労省も「例えば，自宅勤務などの方法により労働者を業務に従事させることが可能な場合において，これを十分検討するなど休業の回避について通常使用者として行うべき最善の努力を尽くしていないと認められた場合には，『使用者の責に帰すべき事由による休業』に該当し，休業手当の支払が必要となることがある」旨を指摘しています。

(2)　新型コロナウイルスの影響による休業

　では，新型コロナウイルスの影響による休業の場合，どのように考えるべきでしょうか。この点，いくつかの場合分けを行い解説したいと思います。

①　従業員が新型コロナウイルスに罹患した場合

　この場合には，都道府県知事が行う就業制限により，労働者が休業する場合にあたり，「使用者の責に帰すべき事由による休業」（労基法26条）に該当しないと考えられます。

したがって，休業手当を支払う必要はありません。

なお，この場合，従業員の方から，「給与が支払われないと生活ができない。」と言われることがあるかもしれません。

この場合には，被用者保険に加入している場合は傷病手当が支給されます。

具体的には，療養のために就労できなくなってから3日を経過した日から，直近12か月の平均の標準報酬日額の3分の2について，傷病手当金により補償されますので，その旨を案内することになるでしょう。

②　従業員が新型コロナウイルスに罹患した疑い（濃厚接触者等）がある場合について

従業員が新型コロナウイルスの感染の疑いがある場合，最寄りの保健所などに設置される「帰国者・接触者相談センター」に問い合わせるように促しましょう。

「帰国者・接触者相談センター」での相談結果を踏まえると，職務の継続が可能という場合もあるでしょう。

その場合に，会社が他の従業員の安全を確保するため等の理由で，休業を促す場合，「使用者の責に帰すべき事由による休業」にあたり休業手当を支払う必要があります。

全く仕事を行っていない従業員に休業手当を支払うのは会社にとっては打撃かもしれませんが，雇用調整助成金を活用して，乗り切るほかありません。

③　従業員が発熱などの症状があるため自主的に休業している場合

この場合には，通常の病欠と同じ扱いでかまいません。

ただし，会社として，一律に発熱した者は出勤させない等の措置をとる場合には，「使用者の責に帰すべき事由による休業」にあてはまり，休業手当の支払いが必要です。

④　事業の休止に伴う休業の場合

例えば海外の取引先が新型コロナウイルスの影響を受け事業を休止したことに伴う事業の休止という場合であっても，休業手当を支払わなければならない

可能性は高いです。

　天変地異の場合で，取引先や鉄道・道路が被害を受け，原材料の仕入れ，製品の納入等が不可能となったことにより労働者を休業させる場合も，会社は賃金の6割は支払う必要があるとされていることとパラレルに考えるとそのような結論になるでしょう。ただし，厚労省は，「当該取引先の依存度，他の代替手段の可能性，事業休止からの期間，使用者としての休業回避のための具体的努力等を総合的に勘案し，判断する必要がある」としています。

⑤　自粛要請に応じる休業の場合

　新型インフルエンザ等対策特別措置法による対応が取られるなかで，協力依頼や要請などを受けて営業を自粛することもあるでしょう。

　この点，営業自粛はあくまでも要請であり，強制ではないため，休業手当は支払わなければならないというのが基本的な考え方になるでしょう。

　すなわち，前述のように労基法26条の休業手当を会社が支払わなくてよい場合というのは，不可抗力による場合に限られており，具体的には，①その原因が事業の外部により発生した事故であること，②事業主が通常の経営者としての最大の注意を尽くしてもなお避けることができない事故であることという要素をいずれも満たすことが必要です。

　今回の休業要請は，①は満たすでしょう。ただし，②に該当するといえるためには，使用者として休業を回避するための具体的な努力を最大限尽くしていると言える必要があります。休業回避のための具体的な努力とは，例えば，(i)在宅勤務などの方法により従業員を業務に従事させることが可能かを十分に検討すること，(ii)休業ではなく別の代替業務で就労させることが可能かを十分に検討すること，が挙げられるでしょう。

　従業員と賃金についてトラブルになった際に，休業回避のための具体的な努力は尽くしていたか？という点を，きちんと釈明できるように検討した内容を議事録等で残しておくことがおすすめです。

　とはいえ，そう簡単には，今回の新型コロナウイルスの影響による休業について不可抗力とは認定されませんので，休業手当を支払わなければならない場合の方が多いと思います。

　しかしながら，自粛要請を国や都道府県が発信しているなか，休業するのは半ば当然であり，その負担を会社にのみ負わせるのは相当とはいえません。

　そこで，雇用調整助成金の活用をぜひ検討しましょう。これは，事業主たる会社が支払った休業手当の額に応じて，助成金が支払われるというものです。

3　休業手当を支払う場合の国の援助

　前述のように，労働基準法は労働者保護の観点から，極めて広い範囲で休業手当を支払うよう要請しています。そのため，そのアンバランスを是正すべく，雇用調整助成金という制度があります。

　雇用調整助成金とは，端的にいえば，休業手当を支払う会社に対して，一部を助成するというものです。その結果，会社負担は，賃金の6％〜10％程度にとどまります（制度は変わることも多いため，最新の情報は，厚労省のホームページを確認することをおすすめします）。

フレックスタイム制の活用

1 フレックスタイム制とは

(1) フレックスタイム制の概要

　フレックスタイム制（労基法32条の3）は，1日の労働時間を固定せずに，1か月以内の一定の期間の総労働時間を定めておき，労働者はその総労働時間の範囲で各労働日の始業時間と終業時間を自分で決めるという制度です。労働者に始業・終業時間を委ねることによって仕事と生活を調和させ，より生産性が向上することが期待されます。ワークライフバランスが重視される現在の社会情勢に馴染む制度といえます。

　また，人と人との接触を避けるために通勤ラッシュを避けて出退勤することが可能となるので，コロナ対策としても有用です。テレワークが，そもそも不可能な職種では，感染予防対策の一環としてフレックスタイム制度を活用することもできるでしょう。

　フレックスタイム制では，「フレキシブルタイム」と「コアタイム」を定める必要があります。「コアタイム」とは，必ず会社に出社していなければならない時間です。「フレキシブルタイム」とは，その時間帯のなかであれば自由に出勤または退社してよい時間帯のことです。

　例えば，フレックスタイム制の時間編成としては**図表1**のような編成が考えられます。**図表1**では，フレキシブルタイムを6時〜10時と15時〜19時，コア

タイムを10時～12時と13時～15時，休憩時間を12時～13時に設定しています。

〔図表1　フレックスタイム制の例〕

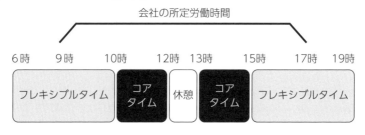

(2)　フレックスタイム制のメリット

　フレックスタイム制を導入する会社のメリットとしては，以下のような点が考えられます。

---

① 働き方の自由度が高まり，優秀な人材の採用・定着が期待できる
② 個人が生活に合わせて効率的に時間配分を行い残業が軽減する
③ 従業員に自ら時間配分を考えさせることで自主性を促す
④ 企業のブランドイメージの向上
⑤ 従業員の満足度の向上

　労働者のメリットとしては，以下のような点が考えられます。

---

① 通勤ラッシュを避けることができ，コロナ感染リスクを減らすことができる
② ワークライフバランスを保つことができる
③ 自分のペースで仕事が進めやすくなる

---

(3)　フレックスタイム制のデメリット

　フレックスタイム制の会社にとってのデメリットは以下のような点が考えられます。

① 業種や職種によっては取引先に迷惑がかかる
② 他の従業員との連携がとりづらくなる
③ 対象従業員の勤務時間管理が煩雑になる
④ 一部の従業員に適用した場合，他の従業員から不満が出る

　フレックスタイム制を導入するにあたっては，上記のようなデメリットをケアしていく必要があります。

　①に関しては，具体的に取引先にどのような迷惑がかかるか検証し，その対応策を事前に検討する必要があります。例えば，取引先が会社に連絡しているのに担当者が出勤していないといった事態が想定されます。こうした場合であれば，対応できる担当者を複数名にすることが考えられますし，連絡が集中する時間帯にコアタイムを設定するなどして対応することが考えられます。

　②に関して，従業員同士の連携が必要な業務に関しては，事前に打ち合わせをして，必要に応じて出勤時間を互いに共有することも必要になるでしょう。

　ただ，常時，従業員同士の連携が必要となるような業種については，そもそもフレックスタイム制がなじまないので導入を避けたほうがよい場合もあるでしょう。

　③に関しては，確かに，出退勤管理は通常の場合に比べて煩雑になりますが，導入時に時間管理のシステムをしっかり構築すれば，それほど大きな問題にはならないと思われます。

　④に関しては，導入するにあたって適切かつ十分な説明をすることで解消できると考えます。単に，出退勤の時間が自由になる，ということだけを説明すれば，他の従業員から不平不満が出ると思われます。フレックスタイム制を導入する目的を十分に伝えたうえで，自由であるということは，それに伴う責任も生じていることを説明する必要があると考えます。

　フレックスタイム制を導入する労働者のデメリットとして，自己管理ができない従業員は，仕事へのモチベーションが上がらず，自己成長できなくなることが考えられます。

　労働者のなかには，自ら律して業務に取り組むことが苦手な者もいます。そうした従業員については，モチベーションへの働きかけやメンタルヘルスの管

理が必要になります。

2　フレックスタイム制の導入手続き

---

(1)　就業規則の定め

　フレックスタイム制を採用する場合，就業規則において始業時刻と終業時刻をその労働者の決定に委ねることを定めなければなりません（労基法32条の3第1項）。

　また，労基法89条において，始業・終業時刻が就業規則の絶対的記載事項とされています。フレキシブルタイムも始業・終業時刻に関する事項であるため，設定する場合には就業規則に規定しなければなりません（昭和63・1・1基発1号，平成11・3・31基発168号）。

(2)　労使協定の締結

　フレックスタイム制を導入するには，過半数労働組合，それがない場合には労働者の過半数代表者との間で労使協定を締結しなければなりません。労使協定書に記載されるべき主要な事項は以下のとおりです。

①　対象となる労働者の範囲（労基法32条の3第1項1号）

　「○○部に所属する従業員」というように，どの従業員が対象となるのか明確にしなければなりません。

　自律性を高めて会社の生産性を上げるというフレックスタイム制の目的を踏まえて，どの部署，どの従業員を対象とするのか十分に検討することが求められます。

②　清算期間・起算日（同2号）

　清算期間とは，フレックスタイム制において，契約上，労働者が労働すべき時間を定める期間のことです。

　清算期間の長さは１か月以内とされていましたが，平成31年４月１日から上限３か月以内に拡張されています（労基法32条の３第１項２号）。

　ただし，清算期間が１か月を超える場合，対象労働者保護の観点から，以下の規制が設けられています。

・清算期間内の１か月ごとに１週間平均50時間を超えた労働時間については，当該月における割増賃金の支払いが必要（同条２項）
・労使協定を労働基準監督署に届け出ること（同条４項）

---

③　清算期間における総労働時間（同３号）

　清算期間における総労働時間とは，清算期間内において，労働者が最低働かなければならない時間，すなわち，所定労働時間数を定めなければなりません。この時間は，清算期間を平均して１週間の労働時間が40時間以内になるように定めなければなりません。

④　標準となる１日の労働時間（労基則12条の３第１項１号）

　年次有給休暇を取得した際に支払われる賃金の算定基礎となる労働時間の長さを定めるものであり，単に時間数を定めれば足りるとされています。

⑤　コアタイム

　コアタイムは，労働者が必ず労働しなければならない時間帯です。④の時間と同程度の時間にならなければ，労使協定で自由に設定することができます。

⑥　フレキシブルタイム

　フレキシブルタイムは，労働者が自らの判断で労働するかどうか決めることができる時間帯です。フレキシブルタイムを定める場合には，その時間帯の開始・終了時刻を定めなければなりません。

　フレキシブルタイムの時間が極端に短いと，フレックスタイム制の趣旨に反しますので，相当の時間をフレキシブルタイムとして設定すべきです。

　フレックスタイム制の労使協定例は，以下のとおりです。

　○○株式会社（以下，「会社」という。）と従業員代表とは，フレックスタイム制について，次のとおり協定する。

第1条　（フレックスタイム制の適用社員）
　　次の従業員（以下，「適用社員」という。）について，フレックスタイム制を適用する。
・○○部門に所属する従業員
・課長以上の管理職に配置した従業員
・その他個別に雇用契約においてフレックスタイム制を適用すると合意した者

第2条　（清算期間）
　　労働時間の清算期間は，毎月の26日から翌月の25日までの1か月間とする。

第3条　（総労働時間）
　　清算期間における総労働時間は，1日8時間に清算期間中の所定労働時間日数を乗じて得られた時間数とする。
　総労働時間＝7時間×1か月の所定労働日数

第4条　（1日の標準労働時間）
　　1日の標準労働時間は，8時間とする。

第5条　（コアタイム）
　　必ず労働しなければならない時間帯は10時から14時までの間（12時から13時までの休憩時間を除く。）とする

第6条　（フレキシブルタイム）
　　適用社員の選択により労働することができる時間帯は，次のとおりとする。
　　始業時間帯＝6時から10時までの間
　　終業時間帯＝14時から19時までの間

第7条　（超過時間の取扱い）

　　　清算期間中の実労働時間が総労働時間を超過したときは，会社は，
　超過した時間に対して時間外割増賃金を支給する。
第8条　（不足時間の取扱い）
　　　清算期間中の実労働時間が総労働時間に不足したときは，不足時間
　を次の清算期間にその法定労働時間の範囲内で繰り越すものとする。
第9条　（有効期間）
　　　本協定の有効期間は，令和○年○月○日から1年間とする。ただし，
　有効期間満了の1箇月前までに，会社，従業員代表のいずれからも申
　し出がないときには，さらに1年間有効期間を延長するものとし，以
　降も同様とする。

令和○年○月○日

　　　　　　　　　　　　　　○○○○株式会社
　　　　　　　　　　　　　　代表取締役　　　○○　○○　　　印

　　　　　　　　　　　　　　従業員代表者　　○○　○○　　　印

3　トラブル防止のポイント

　フレックスタイム制を適用することで，上述したようなさまざまなメリット
がもたらされます。以下では，フレックスタイム制を導入するにあたっての注
意点を説明します。

(1)　労働時間の管理に注意

　フレックスタイム制は，あくまで始業と終業の時間を労働者に委ねる制度で
あり，会社が労働者の労働時間の管理をしなくてよいというものではありませ

ん。会社は，労働者が何時に始業して何時に退勤したのかは把握しておかなければならず，時間外労働が生じていれば割増賃金を支払わなければなりません。

(2)　時間外労働に関する取扱いに注意

　フレックスタイム制の時間外労働のカウントは，通常のカウント方法と異なるため注意しなければなりません。

　フレックスタイム制は，労働者が出退勤の時間について決定することができるため，法定労働時間を超えて労働しても直ちに時間外労働とはなりません。清算期間を平均して1週の法定労働時間（40時間）を超えない範囲であれば，1週及び1日について，法定労働時間を超えても時間外労働とはなりません。

　フレックスタイム制の時間外労働は，清算期間における実際の労働時間のうち，清算期間における法定労働時間の総枠を超えた時間が時間外労働となります。

　図表2は，1か月の法定労働時間の総枠です。

〔図表2　法定労働時間（1か月）〕

日数	1か月の法定労働時間の総枠
28日	160.0時間
29日	165.7時間
30日	171.4時間
31日	177.1時間

(3)　対象となる労働者に注意

　フレックスタイム制は有用な制度ではありますが，対象とする労働者の範囲については，業務内容や従業員の立場を踏まえて，十分検討すべきです。受付業務など，固定の時間その場にいてもらわないと困るような業務内容の場合，そもそもフレックスタイム制の対象とすべきではないでしょう。

　また，正社員だけでなく，パートまで対象とするのか，正社員の中でも管理職のみを対象とするのかなど，従業員の立場も踏まえた検討が必要です。それぞれの企業の状況によって対象とすべき範囲は異なってくると思いますが，不

用意に対象を広げることは危険です。フレックスタイム制は，労働者が始業と終業を決定できるという点で，労働者にとって有利な制度といえます。したがって，一度，適用の対象とした後に，対象から外すとなれば，労働条件を不利益に変更することになるのです。労働条件を不利益に変更するには，変更することについて合理性がなければならず，不合理と判断されれば，変更は無効とされてしまいます。また，一度，享受した利益を奪われることは誰しもが快く思わないはずであり，労働者に不満が生じるでしょう。

　こうした不要なトラブルを防止するためにも，どの部門の誰を適用の対象とするのか，慎重に検討すべきでしょう。

⑷　フレキシブルタイムの設定に注意

　フレックスタイム制は，労働者に始業・終業の時間の決定を委ね，自律性を高めることを主眼とした制度です。フレキシブルタイムが短すぎると，労働者の裁量の範囲も小さくなり，フレックスタイム制の効果を十分に発揮できなくなります。

　したがって，フレキシブルタイムの設定にあたっては，会社の状況と労働者のワークライフバランスを勘案して適切な時間を設定することが大切です。

4　フレックス休暇

⑴　フレックス休暇とは

　上記したように，フレックスタイム制は，出社と退社の時刻を各労働者が自由に決めることができ，優秀な人材の採用や定着につながるというメリットがありました。

　この考え方を休暇に応用したのがフレックス休暇制です。すなわち，労働者が各自で休暇を自由に決めることができる制度のことです。

　なお，フレックス休暇という言葉は労基法上の概念ではありません。休暇を労働者の裁量に一定程度委ねるという取組みは，企業によってはすでに実施し

ているかもしれませんが，イメージしやすいようにフレックス休暇という言葉
を使っています。

(2)　フレックス休暇の活用場面

　フレックス休暇は，現在よりも休日日数を増やすことを目的として導入する
のではなく，あくまで働き方の自由度を高めるための施策です。
　具体的には，多くの企業が採用している夏季休暇や年末年始休暇への適用が
考えられます。例えば，毎年8月13日から8月15日までの間を夏季休暇として
いる企業は多いと思われます。お盆時期を休暇とするのは伝統的な日本人の意
識に根付いたものでしょう。
　しかし，企業によっては，お盆時期に生産活動を停止する必要性は少なく，
むしろ営業していた方が売上げを上げることができる場合があります。
　接客業飲食店などのサービス業はその典型でしょう。このような場合，夏季
休暇をお盆時期に固定するよりも，例えば，「7月から9月までの間の連続す
る3営業日」とすると，総休日日数を削ることなく，お盆は営業することが可
能となります。
　また，労働者にとっても，夏季休暇がお盆時期に固定されているよりも，自
分で休暇日を選択できた方がメリットは大きいと思われます。例えば，お盆時
期の混雑を避けることができる，海外旅行等の旅行代金が安くなる，家族の休
暇にあわせて休むことができる，土日と組み合わせることで毎年大型連休が可
能となる，などがあげられます。このように労働者は，自身で休暇の時期を選
ぶことができるため，ワークライフバランスが図りやすくなる制度でもありま
す。人が集中する時期を避けて休むことができるため，コロナ対策の一環とし
ても利用することができます。
　「お盆や年末年始は休んで当然」という固定観念を捨てて，自社にとって最
適な働き方は何かという視点で，検討すべきだと考えます。

(3)　フレックス休暇の導入方法

　夏季休暇や年末年始休暇については，就業規則において規定されていると思
われますので，これらの規定を変更することが必要となります。

フレックス休暇の就業規則例は，以下のとおりです。

なお，労働条件の変更となりますが，労働者にとって，休暇の選択肢が増えることになりますので，不利益変更の問題は生じないと考えます。

第○条（休日）

1　会社の休日は，次のとおりとする。

　①土曜日

　②日曜日

　③国民の祝日に関する法律に定められた休日

　④夏季休暇

　⑤年末年始（12月31日から翌年1月3日まで）

　⑥その他会社が休日と定めた日

2　夏季休暇は7月1日から9月末日までの間において，従業員が希望する連続した3営業日とする。ただし，会社は，従業員が希望した日に夏季休暇を与えることが事業の正常な運営を妨げる場合においては，他の時季にこれを与えることができる。

3　従業員は，夏季休暇を取得する場合，希望する日の1週間前までに所定の様式で届出るものとする。

テレワークの活用

1　テレワークとは

(1)　テレワークの概要

　テレワークとは，従業員が会社に出社せず，自宅などでインターネットなど
を活用して働く勤務形態をいいます。

　テレワークは，自宅で就業する「在宅勤務」，自宅に近い地域にある小規模
なオフィスで業務に従事する「サテライトオフィス勤務」，スマホ・PC・タブ
レット等を利用して，柔軟に選択した場所で勤務する「モバイルワーク」に分
けられます。

　コロナウイルスの拡大により，多くの企業でテレワークが実践されており，
今後も新しい働き方として定着するものと考えられます。当然のことながら，
テレワークの場合でも，労働基準法は適用され，労働者の労働時間管理は行わ
なければなりません。企業としては，法に沿って適切に運用していくことが求
められます。

(2)　テレワークのメリット

　テレワークを導入する企業のメリットとしては，以下のようなものが考えら
れます。

> ①　業務効率化による生産性の向上
> ②　事業運営コスト（オフィス賃料，電気代，備品等）の削減
> ③　災害など非常時でも事業が継続できる
> ④　遠隔地の優秀な人材の確保
> ⑤　育児・介護を理由とした離職の防止
> ⑥　企業のブランドイメージの向上
> ⑦　事業場での「密」を避けることができる

（ア）業務効率化による生産性の向上　　会社での仕事の場合，予定外の打ち合せや顧客からの電話などにより仕事が中断することがありますが，テレワークでは，こうした中断は少なくなり業務に集中できます。また，自宅なので自分の集中できる環境を自由に整えることができます。

（イ）事業運営コストの削減　　出勤してくる従業員が少ない分，オフィス面積も縮小でき，電気代や備品などのランニングコストも抑えることができます。

（ウ）災害など非常時でも事業が継続できる　　天災などで，オフィスが使用できなくなったとしても，テレワークのシステムを構築していれば，各従業員はそのまま自宅で業務を行うことができ，企業活動をストップする必要がなくなります。

（エ）遠隔地の優秀な人材の確保　　テレワークは出社を要しないので，遠方であっても業務を遂行することができます。したがって，日本全国あるいは世界全体で優秀な人材を探すことができます。

（オ）育児・介護を理由とした離職の防止　　育児や介護の必要性が出たために，離職する従業員がいます。こうした従業員も，自宅で仕事をすることができれば，育児と介護の両立を図りやすくなるので，離職を防止しやすくなります。

（カ）企業のブランドイメージの向上　　現代の労働者，特に若年層はワークライフバランスを重視しており，政府も働き方改革を進めるなど自由な働き方を進めています。労働者のニーズと社会情勢に合わせた取り組みは，企業イメージを良化させると考えられます。

(キ) 事業場での「密」を避けることができる　　テレワークを実施することで，出社する従業員を減らすことができます。その結果，「密」を回避することができ，事業場内でのクラスター発生リスクを軽減できます。

　テレワークを導入する労働者のメリットとしては，以下のようなものが考えられます。

---

① 　通勤時間がなくなることで時間を有効活用できる
② 　怪我や出産等で出社が困難な状況でも働くことができる
③ 　ワークライフバランスを保つことができる

　労働者のメリットは，ワークライフバランスを保ちやすくなることが最大のメリットと考えられます。また，都心部においては朝の通勤ラッシュを避けることができ，精神的にも肉体的にも楽になると考えられます。

(3)　テレワークのデメリット

　上記のように，テレワークは，会社と労働者にとってさまざまなメリットがありますが，以下のようクリアすべき課題（デメリット）もあります。

会社	① 　労働時間の管理が難しくなる
	② 　労働者への評価が難しくなる
	③ 　情報のセキュリティ確保が難しくなる
	④ 　業務上のコミュニケーション不足
労働者	⑤ 　周囲からの刺激がなくなり成長スピードが遅くなる
	⑥ 　長時間労働になる可能性がある

① 　労働時間の管理

　会社はテレワークにおいても，労働者の労働時間は正確に把握する義務がありますので，適切に労働者の労働時間管理を行わなければなりません。労働時間を記録する原則的な方法としては，パソコンの使用時間の記録など客観的な

記録によることが無難であり，労働者の自己申告制は避けた方がよいでしょう。やむを得ず自己申告制にするにしても，労働時間管理の重要性を十分に労働者に説明し，労働者の申告が正確であるか適宜，検証すべきでしょう。

②　労働者への評価

テレワークの労働者は，実際に出勤して仕事ぶりを見ることができないので，通常の労働者に比べて評価が難しくなる可能性があります。したがって，勤務評価については，あらかじめ一定の基準を定めたうえで，テレワークを希望する労働者に，評価方法について説明することが望ましいでしょう。

③　情報のセキュリティ確保

企業にとって情報を適切に管理することは，経営上，最も重要な事項の一つです。テレワークとなった場合には，労働者は，自宅で企業の経営上の秘密に触れることになるので，情報セキュリティ対策を徹底することが求められます。

テレワークにおける情報セキュリティ対策については，厚生労働省がガイドラインを出していますので，ガイドラインを参考にして対策を講じるべきでしょう。

④　コミュニケーション不足

テレワークとした場合，毎日，職場で顔を合わすということはなくなり，物理的な接触が少なくなり，コミュニケーション不足による業務の停滞が懸念されます。

こうした懸念が現実化しないよう，会社としては事前の対策を講じる必要があります。メールやチャットでコミュニケーションをとることはもちろんですが，ビデオ会議システムや，互いの仕事の状況を確認することができるルールを使用するなど，業務が停滞しないようマネイジメントしなければなりません。

⑤　労働者のモチベーションの維持

テレワークの場合，労働者は基本的に一人で仕事をすることになるので，会社としては，労働者の仕事へのモチベーションを維持するよう工夫する必要が

あります。業務の進行状況の確認や評価制度を工夫するなど，通常のマネジメントとは異なる対応が必要になるでしょう。

⑥　長時間労働の防止

　テレワークの場合，会社の管理が及ばず，労働者が無制限に働いてしまう可能性があります。テレワークであっても労働時間管理を徹底しなければならないのは前述のとおりです。

　労働者の長時間労働を防ぐための方策としては，テレワーク者については，原則，時間外労働，休日労働を禁止することが考えられます。どうしても一時的に残業が必要となる場合は，事前の許可制をとることによって残業を抑制すべきでしょう。

　また，労働者が会社のシステムを使用して仕事をする場合であれば，一定の決められた時間以外は会社のシステムに入れないように設定しておくことも考えられます。

　労働者の健康を守るため，また，会社としても思わぬ残業代請求を防止するためにも，会社としては，労働時間管理を徹底して長時間労働を防止する必要があるでしょう。

2　実務上の問題点

(1)　事業場外みなし労働時間制の利用

　事業場外のみなし労働時間制は，労働者が会社外で業務に従事する場合，労働時間の把握が困難なケースがあるため，一定の条件のもとに，所定労働時間あるいは，通常必要とされる時間労働したものとみなすことができる制度です。詳細は第2編のⅣで説明したとおりです。

　在宅勤務を実施するにあたっては，この事業場外のみなし労働制を利用することが考えられます。

　在宅勤務に関して行政解釈（平成16・3・5基発0305001号）では，以下の要

件を満たす場合には，みなし労働時間制の適用があるとされています。

① 当該業務が，起居寝食等私生活を営む自宅で行われること。
② 当該情報通信機器が，使用者の指示により常時通信可能な状態におくこととされていないこと。
⑤ 当該業務が，随時使用者の具体的な指示に基づいて行われていないこと。

②に該当するためには，情報通信機器を通じた会社の指示に対して，すぐに対応する義務がない状態を指します。具体的には，回線が接続されているだけで，労働者が自由に情報機器から離れることや通信可能な状態を切断できることが必要です。また，携帯電話を所持している場合でも，会社からの連絡に対して，すぐに対応する義務が課されていないことが必要となります。

会社が，労働者に随時指示して対応してもらうという体制の場合には，②の条件は満たさないことになります。

③の「具体的指示」については，業務の目的，目標，期限等の基本的事項を指示することや，これらの基本的事項の変更を指示することまでは含まれません。

(2)　休憩時間の取扱い

労基法では，原則として休憩は労働者に一斉に取らせなければならないことになっています（労基法34条2項）。しかし，テレワーク者も含めて一斉に休憩を取らすことは現実的ではありません。

したがって，テレワーク者については，労使協定により休憩時間を別途合意する必要があります。

(3)　就業場所の明示

会社は労働者に対して，「就業の場所及び従事すべき業務に関する事項」を明示しなければなりません（労基法15条1項，労規則5条1項1号の3）。したがって，在宅に変更するときは，「就業場所」に従業員の自宅を明示しなければなりません。また，業務内容や労働者の都合に合わせて柔軟に運用する場合

には，「使用者が許可する場所」といった形で明示することも可能です。

　テレワークへの変更に伴って業務を変更する場合は，その変更後の業務も明示すべきです。

⑷　時間外・休日労働について

　実労働時間や，みなし労働時間制により「みなされる時間」が法定労働時間を超える場合や法定休日に労働させる場合には，三六協定の締結と届出が必要です。また，その法定労働時間を超える時間や休日労働，深夜労働については割増賃金の支払いが必要です（労基法36条・37条）。

⑸　事前申告のない深夜・休日労働

　テレワークの場合，会社は就業中の労働者のすべてを関知することは困難です。したがって，在宅勤務のガイドラインでは，一定の条件を満たして，使用者のいかなる関与もなしに行われた時間外労働は，労働基準法の労働時間に該当しないとされています。

　ガイドラインによる条件は以下のとおりです。

---

① 　就業規則等により時間外等に業務を行う場合には事前に申告し使用者の許可を得なければならず，かつ，時間外等に業務を行った実績について事後に使用者に報告しなければならないとされている事業場であること。

② 　時間外等の労働について労働者からの事前申告がなかった場合又は事前に申告されたが許可を与えなかった場合であって，かつ，労働者から事後報告がなかった場合であること。

③ 　深夜又は休日に労働することについて，使用者から強制されたり，義務付けられたりした事実がないこと。

④ 　当該労働者の当日の業務量が過大である場合や期限の設定が不適切である場合など，深夜又は休日に労働せざるを得ないような使用者からの黙示の指揮命令があったと解し得る事情がないこと。

⑤ 　深夜又は休日に当該労働者からメールが送信されていたり，深夜又は休日に労働しなければ生み出し得ないような成果物が提出された等，深夜又は休日労働を行ったことが客観的に推測できるような事実がなく，使用者が深夜・休日の労働を知り得なかったこと。

ただし，上記の事業場における事前許可制及び事後報告制については，以下の点をいずれも満たしていなければならない。

　A　労働者からの事前の申告に上限時間が設けられていたり労働者が実績どおりに申告しないよう使用者から働きかけや圧力があったなど，当該事業場における事前許可制が実態を反映していないと解し得る事情がないこと。

　B　深夜又は休日に業務を行った実績について，当該労働者からの事後の報告に上限時間が設けられていたり労働者が実績どおりに報告しないように使用者から働きかけや圧力があったなど，当該事業場における事後報告制が実態を反映していないと解し得る事情がないこと。

(6)　労働安全衛生法上の注意点

在宅勤務の場合についても，労働安全衛生法等の関連法令に基づき，労働者の健康を害さないよう措置をとる必要があります。

例えば，必要な健康診断を受けさせること（安衛法66条1項），安全衛生教育の実施（安衛法59条1項），ストレスチェックとその結果等を受けた措置（安衛法66条の10）などが求められます。

(7)　労働者災害補償保険法上の問題

会社は，在宅勤務を行う労働者に対しても労働災害についての責任を負い，労災保険の対象になります。もっとも，業務とは関係なく，自宅で私的な行為をしていた際に生じた負傷等に関しては，労災保険の適用はありませんので，労働者に十分説明することが必要です。

3　トラブル防止のポイント

在宅勤務は，導入と運用の方法を間違えなければ，労使ともにメリットのある制度です。以下では，スムーズに運用するためのポイントについて説明します。

(1)　労働者への十分な説明

　労使間で認識に齟齬があるとトラブルの火種になります。会社としては，会社が在宅勤務を導入する目的と導入することで期待している結果を具体的に労働者に説明すべきでしょう。そのうえで，対象業務，対象者の範囲，在宅勤務の方法等について，従業員に対して説明することをお勧めします。

　対象者の選定についても，他の労働者に不満が生じないよう合理的な基準をもって選定すべきです。

(2)　評価方法の検討

　在宅勤務者は，会社に出勤する通常の労働者と労働環境が大きく異なります。そのため，多くの会社では，通常勤務者とは異なる評価方法や報酬（賃金）を検討することになるでしょう。

　例えば，在宅勤務の場合，仕事のプロセスが見えづらい部分があるので，成果重視の評価にすることが考えられます。成果を重視するにあたっては，評価者の恣意的な判断によらず，可能な限り数値化して，客観的に評価をすることが適切であると考えます。

　また，評価する側の管理職についても意識改革が必要な場合があります。在宅勤務は，いわば新しい働き方です。こうした新しい働き方に理解がない上司であれば，適切な評価がなされない可能性があります。したがって，評価する管理職についても，制度の内容や目的・効果を十分に理解してもらうことも大切です。

　在宅勤務者について，通常勤務者とは異なった評価基準や賃金体系にする場合には，当該従業員に対しても十分説明し，納得感を得ることが大切です。

　なお，賃金制度を変更する場合については，就業規則を変更し，届け出なければなりません（労基法89条2号）。

(3)　通信機器等の費用負担の取り決め

　在宅勤務は，パソコンや電話等の通信機器を活用することになるので，こうした機器の費用負担や通信費が発生します。こうした費用を会社と従業員のい

ずれが負担するのか，事前に検討しておくことが必要です。

　仮に，従業員に費用を負担させる場合，当該事項について就業規則に規定しなければなりません（労基法89条5号）。

副業の導入と労働時間管理

1　副業の推進

　本来，就業中の時間以外は，労働者にとって自由な時間です。したがって，本業に支障が出ない限りでは，副業を行うことも自由であると考えられます。しかし，これまで多くの企業で，副業を禁止する傾向にありました。副業をすると，本業に支障が出るという漠然とした考えが根底にあるのではないかと考えられます。

　しかし，現在，副業についても広く認めていこうという風潮があります。政府が進めている働き方改革のなかでも，副業・兼業を推進していく方向性が打ち出されています。また，AIなどの科学技術の発達などにより，企業も人員が必要なくなり，これまで当たり前であった週休2日制を週休3日，4日として，副業を広く認めるという企業も出てきています。

　以下では，政府作成の「副業・兼業の促進に関するガイドライン」（平成30年1月策定，令和2年9月改定）を踏まえて副業を導入するにあたっての注意点や問題点を説明します。

2　副業についての現行の法規制

　現在の労基法上では，副業の定義や禁止規定などは設けられていません。ただし，現在においては，まだ多くの企業で，副業を禁止する就業規則が置かれています。原則として，労働時間以外は，労働者は自由に利用できるため，企業が制限することができるのは例外的な場合に限られると考えられます。

　兼業の禁止について争われたマンナ運輸事件（京都地判平成24・7・13労判1058号21頁）においても，勤務時間以外の時間は，労働者が自由に利用できることを前提として，「労働者の使用者に対する労務の提供が不能又は不完全になるような事態が生じたり，使用者の企業秘密が漏洩するなど経営秩序を乱す事態が生じることもあり得るから，このような場合においてのみ，例外的に就業規則をもって兼業を禁止することが許されるものと解するのが相当である」と判示しています。

　他の裁判例をみても，会社の職場秩序に影響をせず，会社の業務遂行に支障が出ていないのであれば，副業・兼業禁止規定には実質的には違反していないと判断している裁判例が多数です。

3　副業のメリット・デメリット

　副業の導入を検討するにあたっては，企業と労働者のそれぞれの立場のメリット・デメリットを検討し，企業の性質や経営計画などを踏まえて，制度設計すべきでしょう。

(1)　労働者にとってのメリット・デメリット

　副業を導入することによる労働者のメリット・デメリットとしては以下のようなものが考えられます。

○メリット
・離職せずとも別の仕事に就くことが可能となり，スキルや経験を得ることで，労働者が主体的にキャリアを形成することができる。
・本業の所得をもとに，自分がやりたいことに挑戦でき，自己実現を追求することができ，モチベーションが上がる。
・所得が増加する。
・本業を続けつつ，よりリスクの小さい形で将来の起業・転職に向けた準備・試行ができる。

○デメリット
・労働時間が長くなり，ワークライフバランスを保つことが難しくなる。
・本業に影響・支障が出る可能性がある。
・１週間の所定労働時間が短い業務を複数行う場合には，雇用保険等の適用がない場合がある。

　上記のように労働者としては，副業をすることで，所得を増やし，自己実現を追求することができるなどのメリットがあります。

　他方で，副業はあくまで本業あってのものであり，副業を行った結果，本業がままならず，すべてが中途半端となり，逆に生活が苦しくなったり，自己実現が遠のいてしまっては本末転倒です。さまざまな考え方があるかとは思いますが，基本的には，本業あっての副業なので，バランスを崩さないよう副業に充てる時間や労力を見極める必要があります。

(2)　企業にとってのメリット・デメリット

　副業を認める企業のメリット・デメリットは以下のようなものが考えられます。デメリットの部分は，問題が顕在化しないように，対策を打つ必要があります。

○メリット
・労働者が社内では得られない知識・スキルを獲得することができる。
・労働者の自立性・自主性を促すことができる。
・優秀な人材の獲得・流出の防止ができ，競争力が向上する。

・労働者が社外から新たな知識・情報や人脈を入れることで，事業機会の拡大
　につながる。
〇デメリット
・労働者の総労働時間の把握や健康管理が難しくなる。
・労働者の生産性が下がる可能性がある。
・会社内の企業秘密が外部に漏洩する可能性がある。
・競業避止義務違反の問題が生じる可能性がある。

　上記のようなメリットは，副業を認めてすぐに効果が出るようなものではありません。しかし，ある程度長期的に見ると，従業員の満足度の上昇やスキルアップが期待でき，全体として会社に付加価値をもたらす可能性は十分にあると考えます。

　他方で，副業は，企業の支配下以外で就労することになるので，労働時間の把握が難しくなります。また，副業をすれば，その分だけ労働時間が増えるので，本業における生産性が低下する可能性も否定できません。何より，企業の技術やノウハウが，他社に流出するリスクがあります。企業は自社の業種や具体的な活動の内容を踏まえて，こうしたリスクを回避するために対策を講じる必要があります。

4　副業を認めるにあたっての留意点

(1)　副業を認める範囲や手続の検討

　副業を認めるにあたっては，①副業を認める範囲，②副業を行う際の手続，③副業の状況を把握する方法，④副業の内容を変更する場合の手続などを決めておいた方がよいでしょう。

　これらの事項については，業種や企業の規模，企業の内部的な事情などによって異なるので，副業を認めるにあたっては，自社の状況を十分踏まえて上記事項について決定しなければなりません。

(2)　労働時間の把握の必要性

①　労働時間の通算の問題

　副業に関わる法規制において，企業として最も注意しなければならないのは，副業した場合の労働者の労働時間です。労基法38条1項は以下のように規定しています。

労働基準法38条1項
労働時間は，事業場を異にする場合においても，労働時間に関する規定の適用については通算する

　ここでいうところの「事業場を異にする場合」とは事業主が異なる場合も含まれます（昭和23・5・14基発769号）。したがって，本業と副業のそれぞれの労働時間を通算した時間が当該労働者の労働時間ということになります。
　そこで，割増賃金の支払義務が，いずれの会社にあるのか問題となります。
　行政通達（令和2・9・1基発0901第3号）では，以下のように考え方が示されています。

1　割増賃金の支払義務
各々の使用者は，自らの事業場における労働時間制度を基に，他の使用者の事業場における所定労働時間・所定外労働時間についての労働者からの申告等により，
・まず労働契約の締結の先後の順に所定労働時間を通算し，
・次に所定外労働の発生順に所定外労働時間を通算することによって，
それぞれの事業場での所定労働時間・所定外労働時間を通算した労働時間を把握し，その労働時間について，自らの事業場の労働時間制度における法定労働時間を超える部分のうち，自ら労働させた時間について，時間外労働の割増賃金（法第37条第1項）を支払う必要があること

以下では，具体例に沿って説明します。

A社とB社が，それぞれの労働時間数を把握している前提で説明しています。

〔例1〕
　先に労働契約を締結したA社の所定労働時間が8時間，後に労働契約を締結したB社の所定労働時間が2時間のケース

所定労働時間を通算するとA社8時間，B社2時間で合計10時間となります。法定労働時間（8時間）を2時間オーバーするため，この2時間分の割増賃金をA社あるいはB社のいずれが支払うのか問題となります。

　この点，労働契約の締結の先後の順に所定労働時間を通算することになるので，先に労働契約を締結したA社の8時間にB社の2時間を加算することになります。

　このように考えると，A社の8時間までは法定労働時間の範囲内なので，A社には割増賃金の支払義務は生じません。B社の2時間分が時間外労働となるため，B社は2時間分の割増賃金の支払義務を負うことになります。

〔例2〕
　先に労働契約を締結したA社の所定労働時間が4時間，後に労働契約を締結したB社の所定労働時間も4時間の場合で，A社にて5時間，その後B社で4時間働いたケース

　まず，所定労働時間を通算します。A社4時間，B社4時間で合計8時間となります。次に，所定外労働時間を通算することになります。A社1時間，B社0時間です。すでに所定労働時間の合計が8時間に達しているので，A社の1時間分は時間外労働となります。したがって，A社が，その1時間分の割増賃金を支払う義務を負います。

　労働者を雇用する際にすでに労働者が別の雇用主に雇用されている場合には，就労状況について十分に確認しておかなければ，思いがけず割増賃金を支払わなければならなくなる可能性もありますので，注意しなければなりません。

②　労働時間の把握の方法

　上記のように割増賃金の支払いの関係からも他社で副業をする労働者，あるいは，自社で副業している労働者の労働時間を把握する必要があります。

　把握の方法としては，労働者に申告させることになります。把握の程度としては，労基法を守るために必要な範囲で把握すればよいと考えられます。

　ガイドラインにおいては，①一定の日数分をまとめて申告等させる（例：1週間分を週末に申告する等），②所定労働時間どおり労働した場合には，申告等は求めず，実労働時間が所定労働時間どおりではなかった場合のみ申告等させる（例：所定外労働があった場合等），③時間外労働の上限規制の水準に近づいてきた場合に申告等させるなどの方法が示されています。

　個人事業主や委託契約・請負契約等により労基法上の労働者でない者として副業を行う場合，又は，労基法上の管理監督者として副業を行う場合には，労基法上の労働時間の規定は適用されません。ただし，この場合においても，労働者が過労にならないよう自己申告によって労働時間を申告させるなどして，労働時間を把握し，長時間労働にならないよう留意することが望ましいでしょう。

(3)　労働者の健康管理

　副業を認めることで，労働者の労働時間が長くなる場合には，労働者に対して，健康保持のために自己管理するよう指示し，体調に変調がある場合には，その都度相談するように伝えることが望ましいでしょう。また，副業先と通算した労働時間が時間外労働の上限規制に違反していないか留意し，長時間労働にならないよう管理しなければなりません。

　企業は，副業をしているかどうかにかかわらず，労衛法66条等に基づき，労働者に健康診断等を受けさせる必要があります。健康診断の結果を見て，副業を始めた労働者の体調に変化がないか留意し，問題があれば面談するなどして，適宜フォローして行くことが望ましいでしょう。一般健康診断は，常時使用する労働者（常時使用する短時間労働者を含まれます）が実施対象となります。この，常時使用する短時間労働者は，以下の①，②のいずれをも満たす労働者です。

① 　期間の定めのない労働契約により使用される者（期間の定めのある労働契約により使用される者であって，契約期間が１年以上である者並びに契約更新により１年以上使用されることが予定されている者及び１年以上引き続き使用されている者を含む。）であること
② 　１週間の労働時間数が当該事業場において同種の業務に従事する通常の労働者の１週間の所定労働時間の３／４以上であること

(4)　秘密保持義務

　労働者に副業を認めた場合，会社の業務に関する秘密が漏洩するリスクがあります。したがって，副業を認めるにあたっては，企業秘密の内容・範囲を特定して，絶対に漏洩しないよう労働者に説明する必要があります。就業規則に業務上の秘密を漏洩した場合には，副業を禁止・制限することができる旨を記載することが望ましいでしょう。

　また，副業を始める労働者に対する意識づけとして，業務上の秘密を漏洩しないよう書面で誓約してもらうことも考えられます。

(5)　競業避止義務

　副業を認めた場合，会社で培ったノウハウや情報を利用して会社と競合する営業を始める労働者が出てくる可能性があります。

　したがって，同一の業種・職種の副業を認める場合には，会社の利益を侵害しないよう十分に注意喚起する必要があります。また，会社の利益を侵害するような状況になった場合には，副業を制限できるように就業規則を整備するべきでしょう。

　さらに，秘密保持義務と同様に，会社と競業する副業を行うことで会社の利益を侵害しない旨の誓約書を提出させることも考えられます。

5　労災保険の補償について

　企業は，労働者を一人でも雇用していれば，労災保険に加入する必要がありますが，本業の会社と副業の会社のいずれの労災保険を使用するのか問題になる場合があります。次の場合は，いずれの労災保険が使用されるのでしょうか。

> 副業をしている労働者が，本業の就業先から副業の就業先に移動している最中に災害（交通事故など）に遭った場合

　結論としては，副業の会社の労災保険で処理することになります。行政通達によれば，事業場間の移動は，当該移動の終点たる事業場において労務の提供を行うために行われる通勤であると考えられ，当該移動の間に起こった災害に関する保険関係の処理については，終点たる事業場の保険関係で行うものとされています（平成18・3・31基発0331042号）。

　したがって，例えば，当該労働者が，本業A社で月20万円の賃金，副業B社で月5万円の賃金を得ている場合，当該労働者がA社とB社いずれも休業したとしても労災保険の休業補償で基礎とされる賃金はB社から支給されている5万円のみになります。したがって，当該労働者は，労災保険からは休業補償として4万円（休業給付及び休業特別給付）しか受け取ることができません。

6　就業規則

以下は，厚生労働省が作成しているモデル就業規則です。

〔副業・兼業の就業規則〕

（副業・兼業）

第○条

　労働者は，勤務時間外において，他の会社等の業務に従事することができる。

2　労働者は，前項の業務に従事するにあたっては，事前に，会社に所定の届出を行うものとする。

3　第1項の業務に従事することにより，次の各号のいずれかに該当する場合には，会社は，これを禁止又は制限することができる。

　①　労務提供上の支障がある場合

　②　企業秘密が漏洩する場合

　③　会社の名誉や信用を損なう行為や，信頼関係を破壊する行為がある場合

　④　競業により，企業の利益を害する場合

　モデル就業規則の第1項では，副業を会社として認めることが明示されています。副業を認めるにあたって，業種に制限をかけたい場合は第1項のなかで，業種を特定して制限することが望ましいでしょう（制限の有効性については別途問題になる可能性はあります）。

　第2項は，副業を行う場合には，会社に届出をしなければならないことを規定しています。届出の様式については，会社において所定の様式を作成した方がよいでしょう。あまり詳細に申告させることは，労働者の私生活に過度に干渉することになりますので避けるべきです。ただし，労働時間を正確に把握するためにも副業先の勤務日数や所定労働時間を申告させることは必要です。また，会社と競業する業務に就かれて，秘密情報が漏洩することも避けたいところですから，副業先の業務内容も把握しておきたいところです。

　第3項は，労働者が副業を行うなかで，①～④の事情が生じた場合には，副

業を止めさせるか，あるいは制限することができることを規定しています。副業を開始後に，労働者の生産性が急激に低下したような場合に，それを放置しておくわけにはいきません。また，会社の秘密情報が洩らされていたり，競業業務が行われ，会社の利益が損なわれるような場合には，速やかに副業を禁止あるいは制限しなければならないため，第3項のような規定が設けられています。

　モデル就業規則は，あくまでモデルであって，すべての企業に一律にマッチするものではありません。副業を認めるにあたっては，自社の状況を十分に踏まえて就業規則を作成すべきです。

第4編

残業代等の発生を
予防する施策

残業代マネジメントの考え方

　第1編から第3編にかけては労務管理をめぐる基本的な法律関係やルール，労働時間規制の例外的な取扱いを認める制度（定額残業代や管理監督者など），コロナ下で注目される制度（テレワークなど）等についてみてきました。

　第4編では，第1編から第3編で解説した内容を踏まえて，残業代等の発生をできる限り抑制するために，企業として考えられる対応策や注意すべきポイントについて，解説していきます。

　企業としても，AIやインターネット技術の進歩によりビジネスにおける業界の垣根がなくなりつつあり，競争が激化する社会で，生産性を向上させることが非常に重要になっています。この点，生産性とは投入した資源に対してどれだけアウトプットを生み出せたかということで測ります。従業員一人当たりの生産性を求める数式は，基本的には以下のとおりです。

> 労働生産性＝アウトプット（粗利）÷インプット（労働者数or労働者数×労働時間）

　従業員一人当たりの生産性を測定するのであれば，労働者数で割れば算出できます。しかしながら，労働者数のみで考えた場合には，従業員が1日8時間働いて得られた成果なのか，それとも1日12時間働いて得られた成果なのかを判断することはできません。当然，同じ成果であれば，1日12時間働いて得られた場合よりも1日8時間で得られた方が効率はよく，「生産性が高い」とい

うことになります。

　したがって，企業としては，いかに短い時間で成果を上げることができるかというのが大切なのです。他方で，従業員のなかには，残業をすることで得られる残業代で給与額を増やし，生活の資金にしている人も多くいるのが実情です。残業が少ないと，生計を維持できないという声を従業員側から聞くこともあります。特に，残業代は法定外時間外労働の場合，少なくとも25％の割増があるため，金額が大きくなりがちです。

　そのため，企業の経営者側が「生産性を向上させよう」，「無駄な残業代を減らそう」と声を上げても，残業代を抑制することに対する従業員のモチベーションはそれほどなく，経営層と現場の従業員との温度差が浮き彫りになるということもしばしばです。

　そこで，残業代を抑制するためには，従業員側に残業を抑制するインセンティブはなかなか働かないということをきちんと認識したうえで，マネジメントを行っていく必要があるということです。以下では，残業代のマネジメントの手法として，考えられる施策について解説していきます。

　もちろん，以下で取り上げる施策のすべてがどの企業にも効果的であるとは限りません。自社の置かれている状況に応じて，どの施策を取るのか，あるいは複数の施策をとって組み合わせるのかを検討していただくことが必要です。

残業の許可制

1　制度の概要とメリット

　まず，残業を許可制にするということが考えられます。

　すなわち，所定の労働時間でその日の業務を終えることができない場合，事前に従業員から上司に対して，残業届を提出してもらい，上司がその内容を見たうえで許可をするかどうかを決定するという方法です。残業届は紙ベースで行うのであれば，177頁の**書式1**の書類を使用するのがよいでしょう。オンラインで打刻するタイムカードを導入している企業であれば，そのシステム内で残業申請を行ってもらうことも可能な方法の一つです。

　残業の許可制をとるメリットとしては，上司が何の業務のために残っているのかを適宜把握することができるという点が挙げられます。申請があった際に，本当に残業をしてまで対応しなければならない業務なのか，次の日でも問題ないのかといった点を確認し，部下に指示を与えることができます。

　部下の側からしても，申請を上げる際に，自分自身で本当に残業をしなければならないのかを判断することができ，漫然と仕事を続けるといったことを防ぐことができます。

　他方で，1分でも残業をするたびに，許可を要するとしてしまうと，かえって煩雑になってしまい，上司も対応しきれなくなってしまいます。そのため，例えば，「30分以上の残業が見込まれる場合」というように，一定の時間を設

定しておくのが望ましいでしょう。設定する時間は，15分でも１時間でも構いませんが，２時間を超える場合に申請というように，あまり長く設定しすぎると結局残業が常態化してしまう可能性がありますので，１時間以内で設定するのがよいでしょう。

　残業の許可制を採用する場合，制度導入の意向を明確にするために，就業規則に盛り込むことも検討すべきです。この場合の文例としては次のようになります。

〔残業代の許可制の就業規則・文例〕

> 1　会社は，業務の都合により，第○条の所定労働時間を超えて労働させることがある。
> 2　従業員が，時間外労働をする場合には，事前に所属長に業務の内容及びその必要性を記載した書面を提出し，許可を得なければならない。従業員が，会社の許可なく時間外労働を行った場合，当該業務の実施に該当する部分の通常賃金及び割増賃金は支払わない。

2　許可制をとる場合の注意点

　残業の許可制を採用するうえで注意しなければならない点もいくつかあります。まず，許可制を採用したからといって，許可を得ずに部下が実際に残業をしていた場合，残業代を支払わなくてよいとは必ずしもいえないということです。

　企業（上司）が許可をしていないのであるから，残業代を払わないのが当然だと思われるかもしれませんが，上司の指示に反して，部下が業務を続けていた場合，実際に仕事をしていたと証明されれば，残業代を支払わなければならなくなる可能性があります。それは，企業側が正式には残業を許可していないものの，従業員の残業を黙認していた場合です。具体的には，残業届は許可しないうえで，部下がそのまま事務所やオフィスに残って仕事をしていたのを

放っておいたというような場合です。このケースでは，形式的には許可してい
ないものの，その後従業員の残業を「みてみぬふり」しているといえます。こ
のような場合には，許可が得られていないと企業側が主張しても残業代の支払
いを免れないリスクがあります。したがって，許可をしない場合には，上司は
実際にも部下を自宅に帰るように促し，監督しておく必要があります。

　この点に関する裁判例としては，神代学園ミューズ音楽院事件（東京高判平
成17・3・30労判905号72頁）があります。企業側が残業禁止の業務命令を明確
に発し，万が一残務がある場合には，役職者に引き継ぐように明確に指示がな
されていたという事案です。

　当該事案で東京高裁は，「賃金が労働した時間によって算定される場合に，
その算定の対象となる労働時間とは，労働者が使用者の指揮命令下にある時間
又は使用者の明示又は黙示の指示により業務に従事する時間であると解すべき
ものである。したがって，使用者の明示の残業禁止の業務命令に反して，労働
者が時間外又は深夜にわたり業務を行ったとしても，これを賃金算定の対象と
なる労働時間と解することはできない。」と判断しています。この裁判例でも
「黙示の指示」があった場合には，残業代支払いの対象となることを前提とし
たうえで，残業禁止が徹底されていたかどうかを証拠から事実認定しています。

　また，残業をしなければ到底対応できない業務を課していた場合，従業員が
自宅に仕事を持ち帰って行うという，いわゆる持ち帰り残業を行っているケー
スもあります。持ち帰り残業についても，残業代を支払わなければならない
ケースがあるため，注意が必要です。持ち帰り残業が争われた裁判例としては，
ピーエムコンサルタント事件（大阪地判平成17・10・6労判907号5頁）があり
ます。この裁判例では，裁量労働制とあわせて，労働者側の持ち帰り残業に対す
る残業代の支払義務が争われましたが，大阪地裁は，「被告（企業側）の主張
は，残業については被告の具体的な時間外勤務命令に基づくものではない旨の
主張とも解されるが，原告（従業員側）は，前記のとおり，上司に対し，時間
外勤務をしたことの記載された本件整理簿を提出し，原告の上司はその記載内
容を確認していたのであって，原告の上司も原告の時間外勤務を知っていなが
らこれを止めることはなかったというべきであり，少なくとも黙示の時間外勤
務命令は存在したというべきである。」と判断して支払いを命じました。

〔書式 1　残業届〕

残業・休日勤務届

_____　殿

年　　月　　日

所属

氏名　　　　　　　　　印

以下のとおり届出いたします。

1　残業・休日勤務日時
　　年　　月　　日
　　時　　分　～　　時　　分

2　業務内容

3　理由

承　認

　ここでもポイントは,「黙示の指示」があったかどうかです。したがって,企業側では,残業代の許可制を導入するにあたっては,居残り残業や持ち帰り残業をみてみぬふりをせず,きちんと指示をしておく必要があり,口頭で従わない場合には,書面で指導,注意を行っておくことが有益です。

　ここまで解説してきた残業代の許可制のメリット,注意点をまとめると,**図表1**のようになります。

〔**図表1　許可制のメリット,注意点**〕

（主なメリット）
・管理職が部下の残業をタイムリーに把握しやすくなる
・部下自身も必要な残業かどうかを判断するきっかけを得る
（**許可制の注意点**）
・許可しないのであれば,事務所への居残りも認めない
・持ち帰り残業を黙認しない,業務量を把握しておく

就業時間のマネジメント

　当然のことですが，残業代が発生するのは，残業時間があるからです。そうすると，残業時間を減らすためには，企業が始業から終業，休憩時間，休日に至るまで，しっかりとマネジメントすることが必要です。

　以下では，労働時間の始まり，終わり，間の休みという観点から，企業側が注意しておくべきポイントについて言及していきます。

1　始業時間

　中小企業の経営者の労働相談を受けていると，残業というと，終業時間後の業務のことであるというイメージを持っている方が多いと感じます。しかしながら，企業が定めた時間よりも早く来て仕事をしていた場合，この早出部分も所定労働から外れた労働であることには変わりはありません。

　そのため，早出をしていた場合でも残業代は発生します。そうすると，企業としては，単に業務を終えて帰宅した時間だけでなく，職場に来た時間も把握しておかなければなりません。

　この点，従業員のなかには，色々な理由をつけてやたらと早く職場に来る人がいます。例えば，「渋滞に巻き込まれたくないので早めに出勤する」，「通勤ラッシュは混むので避けて来たい」，「朝早く来て少し仕事をしておくと後が楽」などです。

　上記の理由のうち，3つ目の理由は，実際に仕事をしているのでしょうから，残業代が発生するということは当然のことですが，残りの2つはどうでしょうか。企業側からすれば，「渋滞に巻き込まれたくない」，「通勤ラッシュは避けたい」というのは，個人的な理由なので，残業代を支払わなくてよいと考えるのが通常です。

　しかしながら，個人的な理由で早出出社した従業員が出社してすぐにタイムカードを押していると，どうでしょうか？　働いていたのではないかと推測させる証拠になり得るのです。こうしたタイムカードを企業側が黙認して，早出出社部分の時間をカットして賃金計算をしていた場合，当該従業員から退職した後に未払残業代を請求されるというケースがあります。このとき，従業員が早く来てはいたが，何もしていなかったと企業側が後になって証明することは非常に困難です。

　そうすると，実際は早く来ても，タバコを吸ったり，コーヒーを飲んでいたりしていただけの従業員に対して，残業代の支払いを求められるという，企業側からすれば到底容認できない結論に至ってしまうリスクがあります。

　こうした事態に至らないためには，早く出社して遅刻しないことは好ましいことですが，あまりに早く出社することも問題視しなければなりません。早く出社することがいくら個人的な理由であっても，放置せずに，始業時間までは，休憩室で待機して，業務はしないように指導しておくことが必要です。

　また，早く来てデスクに座っているのを現認した場合には，その場で注意するとともに，複数回にわたる場合には書面で注意し，企業側が禁止している旨を明確にしておきましょう。そして，上記の第3の理由（朝早く来て少し仕事をしておくと後が楽）についても，始業時間前に業務を行う場合には，許可制をとって，その都度上司の承認を得るように運用をすることが有益です。部下の側も悪気がなく，「つい作業を開始してしまっていた」ということもあります。始業時間前にチャットやメールで部下から連絡が来た場合は，内容面の指摘をする前に，始業時間前の業務開始についての指導をチャットやメールで回答しておくことで，黙示の指示があったとは評価されづらくなります。

　過去の裁判例においても，京都銀行事件（大阪高判平成13・6・28労判811号5頁）では，「紫野支店においては，男子行員のほとんどが8時過ぎころまで

に出勤していたこと，銀行の業務としては金庫を開きキャビネットを運び出し，それを各部署が受け取り，業務の準備がなされるところ，金庫の開扉は，A支店長時代には8時15分以前になされ，B支店長時代になってもその時刻ころにはなされていたと推認されること，このような運用は，被控訴人の支店（会社）において特殊なものではなかったこと，また，紫野支店において開かれていた融得会議については，前記認定のとおり男子行員については事実上出席が義務付けられている性質の会議と理解できることなどを総合すると，被控訴人紫野支店においては，午前8時15分から始業時刻までの間の勤務については，被控訴人の黙示の指示による労働時間と評価でき，原則として時間外勤務に該当すると認めるのが相当である。また，融得会議など会議が開催された日については，それが8時15分以前に開催された場合には，その開始時間以降の勤務はこれを時間外勤務と認めるのが相当である。」と判断され，早出残業が暗黙のルールとなっていたことが黙示の指示と認定され，残業代支払いの根拠となっています。

　書面で早出出社を注意する場合の注意書は，次頁の**書式2**のようなものを使用します。最初は注意書の交付で構いませんが，一向に改善されない場合には，懲戒処分も段階的に検討しなければなりません。

　始業時間のマネジメントに関しては，始業時間に合図をする（時計のアラームを鳴らしたり，館内放送をしたりする），始業時間になってから朝礼を始める（始業時間前に行うと残業代が発生し得るため），始業時間になるまで業務に使用するシステムが利用できないように設定するといった施策も検討すべき事項です。

2　休憩時間

　第1編で解説したとおり，労働基準法は1日の労働時間が6時間を超える場合には45分以上，8時間を超える場合には，1時間以上の休憩時間を与えなければならないとされています。そのため，多くの企業が休憩時間を45分ないし

〔**書式2　注意書**〕

令和　年　月　日

○○部○○課
○○○○　殿

○○株式会社
人事部長○○○○　印

注　意　書

　　貴殿は，これまで口頭で何度も注意を受けているにもかかわらず，始業時間前に時間外労働の許可を出さずに，早く出社して，事務所に来ています。

　　しかしながら，貴殿の早出は，渋滞回避という個人的な理由によるもので，当社は業務には無関係なものであると判断しております。つきましては，以後はむやみに早く出社して，タイムカードを打刻しないよう注意いたします。

　　万が一，早出して業務を行う場合には，当社就業規則○条に基づき，時間外労働の許可を申請し，上長の承認を得るようにしてください。

　　つきましては，今後，上記のような行動を改善されるよう，本書をもって注意致します。

・この注意書に対して，事実と相違する等，貴殿の言い分があるときは，この文書を受け取った時から1週間以内に文書で当職宛提出してください。
・注意書に従うときは，速やかに下記に記入の上，当職まで提出してください。

記

本書面を令和　　年　　月　　日に受領いたしました。
今後は，注意された事項について，改善するよう努力致します。

氏名　　　　　　　　　　　　印

１時間に設定して，就業規則を定めています。

　しかしながら，実際の現場では，規則に反して休憩時間を全く取らず（取れず）に，業務をしているというケースがあります。そのため，企業側が規則どおり休憩時間を計上して賃金を計算していると，従業員側から休憩は取れていなかったとして，その時間の残業代を要求されることがあります。

　弁護士として，残業代請求を受けた企業の代理人をしていると多くの残業代請求の事案で，「忙しくて１時間の休憩は取れなかった」，「だいたい30分しか休憩がなかった」などと主張がされます。残業代請求についての立証責任の問題では，請求をする従業員側が時間外労働の存在を立証しなければなりません。しかしながら，企業側には，従業員の就労時間を管理する義務があることから，単に「残業はない」と主張するだけでは不十分で，タイムカードなど客観的資料に基づいた反論をしなければならないと考えられています。

　したがって，企業としては，従業員の休憩時間についてもマネジメントしていかなければなりません。休憩時間をマネジメントするためには，まずは休憩時間を見える化しなければなりません。始業時間と終業時間については，従業員に打刻をさせているものの，休憩時間については特に記録させていないという企業が依然として多くあります。これでは，上述のような，「忙しかったから休憩は取れていない」という主張をされやすくなります。

　同じく，出勤簿で出退勤を管理しているものの，ただ単に印鑑を押すだけで，出社時間も退社時間も，もちろん休憩時間も記録していないという企業もあります。こうした企業は早急に労務管理の方法を見直す必要があります。

　そのうえで，打刻の記録などから休憩時間が十分に取れていない従業員がいないかをチェックし，取れていない従業員には個別に指導をする必要があります。また，打刻を頻繁に忘れる従業員も自分自身のマネジメントができていなかったり，企業がそのまま黙認すれば残業代を請求するつもりでいたりする可能性もあるため注意が必要です。

　なお，休憩時間については，労働基準法上は事業場単位で一斉に与えることが原則となっています（労基法34条２項）。しかしながら，すべての従業員に対して同じ時間で休憩時間を与えることに対する合理性は，24時間営業の一般化，グローバル化，インターネットの普及などの要因による働き方の多様化によっ

て，妥当性を失ってきています。そのため，多くの企業では労使協定を締結して，一斉休憩の例外的措置を規定しているのが通常です。1998年の労基法改正までは，行政官庁の適用除外の許可が必要でしたが，現在は労使協定の締結で足ります。

　そもそも労使協定を締結せずに，休憩時間をバラバラに取らせている企業は，**書式3**を参考に労使協定の締結をしておきましょう。

　休憩時間について，一斉に取得させない場合，班別に時間を指定する方法，個別に雇用契約で定める方法，従業員の裁量に委ねる方法（フレックス制）などが考えられます。その日の業務量は各従業員によってまちまちであり，仕事がキリのいいところになる時間も日によって変わってきます。まして，業務が多様化，複雑化している状況では，個々人に委ねた方が，生産性が上がる可能性があります。従業員側も自分自身で休憩時間を決めることができれば裁量が増え，モチベーションアップにつながることもありますし，職場の従業員同士が協力して，休憩時間を調整し，協調性が高まるという副次的な効果も期待できます。

　このように，休憩時間について，フレックス制を導入するという方法も休憩時間のマネジメントと生産性向上には有益な施策といえます。導入する場合の労使協定の例としては**書式4**が参考になります。休憩を取得すべき時間範囲を定めておくことで，従業員に裁量を持たせつつ，あがり休憩のような形にならず，業務と業務の間に休憩を取れるように設定することがポイントです。

　もっとも，工場など集団で業務に従事する職種では，班別の休憩時間の方が依然として効果的と思われます。

〔書式3　一斉休憩の例外を定める労使協定（班別制）〕

一斉休憩の適用除外に関する労使協定書

　○○株式会社と労働者代表は，休憩時間について，下記のとおり協定する。

第1条（一斉休憩を与えない労働者の範囲）
　○○の業務に従事する従業員については，交代制で休憩を与えるものとする。

第2条（班別制）
　前条の交代制については，班別制とし，各班の休憩時間は以下のとおりとする。
　　1班　午前11時～午後0時
　　2班　午後0時～午後1時

第3条（出張等の例外）
　出張，外回りなどによる外勤のため，上記に休憩時間を取得できない場合には，所属長があらかじめ指定して他の時間帯を定める。

第4条（施行日）
　本協定は，令和○年○月○日から効力を発する。

令和　　年　　月　　日

　　○○株式会社　代表取締役・・・・　印

　　労働者代表　　従業員代表・・・・　印

〔書式4　一斉休憩の例外を定める労使協定（フレックス制）〕

一斉休憩の適用除外に関する労使協定書

　○○株式会社と労働者代表は，休憩時間について，下記のとおり協定する。

第1条（一斉休憩を与えない労働者の範囲）
　○○の業務に従事する従業員については，フレックス制により，休憩を与えるものとする。与える休憩時間は，雇用契約書で個別に定める。

第2条（フレックス制）
　前条のフレックス制については，原則として下記時間内に休憩時間を取得するものとする。
　　始業時間が午後0時までの場合　午前11時～午後2時までの間
　　始業時間が午後0時以降の場合　午後4時～午後7時までの間

第3条（出張等の例外）
　出張，外回りなどによる外勤のため，上記に休憩時間を取得できない場合には，所属長があらかじめ指定して他の時間帯を定める。

第4条（施行日）
　本協定は，令和○年○月○日から効力を発する。

　令和　年　月　日

　　○○株式会社　代表取締役・・・・　　印

　　労働者代表　　従業員代表・・・・　　印

3　終業時間

　終業時間については，とりわけダラダラ残業を防ぐという観点からマネジメントしていく必要があります。少なくとも終業時間を知らせる合図はあった方がよいでしょう。時計のアラームや館内放送を用いたりするのが効果的です。

　また，終礼を工夫することで，終業時間が近づいていることを知らせるということも可能です。具体的には，終業時間の1時間や30分前に終礼ミーティングを開催することで，残りの時間で何をしなければならないのかを認識してもらうという効果が期待できます。

　他にも時間帯によって音楽を変えるといった方法もあります。BGMの音楽を終業時間が近づいたタイミングで特定の音楽にすることで，その音楽が流れてきたら「終業時間だ」と従業員に意識づけさせることもできます。

　あわせて本編Ⅱ2で説明した残業の許可制を導入することで，無駄な残業はしない，させないという環境をつくることが大切です。

　終業時間で気をつけなければならないのが，仕事をしていないのにタイムカードを打刻せず，事務所や休憩室に残るといった状況を放任しないことです。実際に，仕事が終わった後に同僚など他の従業員同士で世間話をしたり，喫煙スペースでタバコを吸ったりして時間を過ごし，自宅に帰る直前になって，タイムカードを打刻するといったケースもよくあります。

　この部分について，その都度注意するなどしておかないと，企業側が当該部分を控除して賃金計算をしていた場合，タイムカードとの乖離を理由に残業代の支払いを求められる可能性があります。企業側が請求を受けた時点で，この日は仕事が終わって雑談していたものだということを，証拠を用いて主張しなければ，タイムカードどおりの就労を認定されるリスクがあります。後から雑談していた，タバコを吸っていたという証拠を収集することは通常困難ですので，日頃から指導，注意して，事務所に残っている場合には声かけをして帰宅するように促すことが必要です。

　書面で指導を行う場合には，**書式5**のような指導書を用いて行います。

〔書式5　指導書1（終業時間）〕

令和　年　月　日

○○部○○課
○○○○　殿

○○株式会社
代表取締役○○○○　印

指　導　書

　貴殿は，令和○年○月○日から令和○年○月○日にかけて，複数回にわたり，終業しているにも関わらず，タイムカードを打刻せずに，事業所に残って他の従業員と雑談しております。

　当社は，従業員の就労状況を適切に把握する目的でタイムカードを導入しておりますので，終業したらその時点でタイムカードを打刻するようにしてください。

　また，終業後は速やかに帰宅し，心身のリフレッシュを図られるようされてください。

記

　本書面を令和　　年　　月　　日に受領いたしました。
　今後は，指導された事項について，改善するよう努力致します。

　氏名　　　　　　　　　　　印

4　残業時間が多い従業員の指導

　何人か雇用していると，多くの企業で，残業が比較的少ない従業員と残業が他と比べて多く，いつも最後まで残っている従業員がいるといった状況が出てきます。このとき，企業としてどちらを評価すべきでしょうか。

　残業をしている姿を見ると，「遅くまで残って感心だ」と思ってしまいがちですが，果たして本当にそうでしょうか。Ａさんは8時間で20件の案件を処理して定時で帰宅，Ｂさんは2時間残業して10時間で20件の案件を処理しているとしたら，どちらの方が生産性が高いでしょうか。もちろんＡさんです。

　そうだとすると，残業時間が多い従業員については，残業の内容を見極めて，必要があれば個別に指導をすることが求められます。指導をするにあたっては，まず残業時間という客観的なデータを把握することが出発点となります。そのうえで，指導対象とするラインを設定します。このとき，一律に月20時間というように時間で区切るのか，事業所の全従業員の平均値を超えている従業員というように平均値で区切るのか，さらに1か月でみるのか，過去3か月や6か月間というスパンでみるのかという点も考慮する必要があります。残業が多いという傾向を把握するのであれば，月単位よりは平均でみた方がよいでしょう。どのくらいの残業が通常必要かというのは各企業によって異なるため，設定ラインは自社にあわせて決定することがポイントです。

　対象となりうる従業員（候補者）が明らかになったら，次にその従業員の業務処理状況を把握する必要があります。残業時間が長いのは，業務処理量が他の従業員よりも多いからなのか，それともそれほどでもないのかというのを見極めなければ，誤った指導になりかねないからです。

　すなわち，残業時間も長いが，その分業務処理量も多い場合，当該従業員に「残業が多い」と注意をすれば，「会社のために遅くまで残業をしているのに怒られた」，「会社は自分の働きを理解してくれていない」と考えてしまい，モチベーションの低下につながり，最悪の場合，退職するといった事態になりかねません。

　したがって，指導をすべき対象としては，残業が多いにもかかわらず，それ
ほど業務処理量は多くないという従業員です。

　ここまでの検討をしたうえで，対象となる従業員が決定した場合，実際に指
導を行っていきます。この指導については，他の従業員のいる前で行うのは避
けて，個別に会議室やミーティングルームなどで行うべきです。他の従業員の
面前で指導を受けるというのは，従業員にとって，非常にマイナスのイメージ
が大きく残ってしまい，ハラスメントだと受け取られかねません。

　最初は口頭指導，書面指導のどちらでも構いませんが，指導をしたうえで，
その翌月以降も継続して同様の残業状況が続く場合には，書面での指導を検討
します。その場合の指導書としては，**書式6**を参考にしてください。目標の処
理時間，処理件数を記載しておくと従業員としても，目標設定がしやすく，た
だ単に残業を減らせと言われるよりも効果的です。

5　評価制度の設定

　また，残業に対する評価を賞与や昇級の基準に盛り込み，評価制度に取り込
むという方法もあります。具体的には，賞与の対象期間（年2回の企業であれ
ば半年が通常でしょう）の残業時間を考慮事情として，評価をつけ，賞与を決
定するということです。賞与の決定方法は，各企業によってさまざまですが，
大きく分けると，企業の売上げや業績といった企業側の事情と従業員の勤務成
績や勤務態度といった従業員側の事情という2点を考慮して決定するのが通常
です。

　企業側の事情は売上げや営業利益といった数値をKPIとして定めることが多
く，従業員側の事情は個人の営業成績といった定量化できるデータと勤務態度
や協調性といった定性面の両面で評価をしていきます。

　このうち，残業時間については，定量化できるデータになるため，この数値
を個別の項目として点数化したり，効率性という項目の一つとして考慮したり
することが可能です。

〔書式6　指導書2（残業時間）〕

令和　年　月　日

○○部○○課

○○○○　殿

○○株式会社

人事部長○○○○　印

指　導　書

　当社は，これまで貴殿に求める職務遂行能力を口頭で伝えてきましたが，貴殿はまだ到達できておらず，時間外労働が月○時間にのぼっています（令和○年○月から同年○月までの平均値）。

　そこで，本書面において，貴殿に求める職務遂行能力を改めてお伝えします。つきましては，下記事項をよく確認し，改善に努力するよう指導します。

記

1　知識

　下記の知識をマスターし，日々業務に活用していること。

①商品知識　製品特徴，品質，製法についての知識

②業務知識　業界・マーケットの動向，競合他社製品，法規関連，経営情報についての知識

2　パソコン能力

①プレゼンテーションソフトを含む複数のソフトを目的に応じて複合的に使いこなせる。

②部門内スタッフに操作指導ができる。

③IT環境を整え，ユーザトラブルに対応できる。

3　時間外労働の削減

　上記1，2の能力を習得し，時間外労働を月○時間程度にすること。

以上

本書面を令和　　年　　月　　日に受領いたしました。

今後は，指導を受けた事項について，改善するよう努力致します。

氏名　　　　　　　　　　　　　　印

　このように評価制度に組み込むことで，企業が残業について評価対象としていることを従業員にメッセージとして伝えることができるだけでなく，必要性の低い残業ばかりして，残業代をもらっていると不満を感じている他の優秀な従業員にも賞与や昇級で差がつけられているという点を理解してもらうことが可能です。効率がよく定時で仕事を終えている従業員が納得できない点として，自分より効率が悪く残業をしている従業員の方が，残業代が出るため，給与が多くなりがちという矛盾があります。

　こうした矛盾を解消するためにも，評価制度に残業時間を取り入れるということは効果的だと考えられます。評価基準の設定例は**図表2**を参照してください。この評価基準は，上記で説明した項目のうち，従業員の定性面の側面が多くなっていますので，この評価規準は，売上げなどの定量面とあわせて用いることを前提としている点に注意ください。

6　振替えと代休の使いわけ

　企業が従業員に対して休日労働を求めることもしばしば起こります。このとき，事前に休日を振り替えるのか，事後に振り替えるのかで大きな違いがあります。休日労働というと，この2つが考えられるのですが，明確にどちらかを区別せずに使用している企業も多くあります。この点を適切に認識しておくことが広い意味でも残業代を抑制することにつながります。

　すなわち，休日を事前に振り替える場合，振替えによって別の日が休日となります。そうすると，週休2日の企業がそのうちの1日を事前に振り替えた場合には，当初の休日の労働は普通の労働日の労働と取り扱うことができます。つまり，休日労働として35％の割増は不要ということです。加えて，変形労働時間制を採用している場合，対象期間中の労働時間が平均して週40時間を超えなければ，25％の割増も不要になります。

　他方で，事後の振替えの場合には，休日に労働したことになりますので，35％の割増賃金を支払わなければなりません。代休日を与えるかどうかは任意

〔図表2　評価基準例〕

大項目	項　目
基礎	❏報連相：相手に応じた的確な報告，連絡，相談を行える ❏電話対応：的確に，かつ，積極的に電話対応を行っている ❏来客対応：顧客に対する対応が的確である ❏身だしなみ：TPOに応じた身だしなみを整えている ❏フォロワシップ：リーダーの実現したいことをフォローしている ❏コスト意識：不必要なコストが発生しないようにしている
業務効率性	❏時間外労働：無駄な残業が発生していない（残業時間　月平均○時間） ❏業務処理：処理件数（量），処理内容（質）が他と比較して突出しているか ❏優先順位：周囲をみて適時何をすべきなのか，判断ができる
業務改善等	❏改善提案：現状やマニュアルにとらわれずに業務を処理している。自社の問題点やボトルネックを把握して業務改善やコスト削減策を提案している ❏責任感：自己の立場や状況を的確に認識し，身勝手な言動で人に迷惑をかけていない
チャレンジ精神	❏目標達成意欲：自社の経営計画の目標を達成するために，個人に落とし込み，アクションプランを考え，それを実行している ❏付加価値：現状に満足せず，自社にとって有益となる付加価値を身につけようと取り組んでいる
協調性	❏信頼関係の構築：周りのために動いている，正直に接している，相手を尊重する，人によって意見を変えない，ミスを人のせいにしていない，自分自身のことを積極的に伝えている，有言実行している
減点事項	❏勤怠：突発的な欠勤や遅刻や早退などにより，顧客や周囲に迷惑をかけている ❏懲戒処分等：減給，停職，戒告，書面による注意・指導がある

になります。なお，当然のことですが，休日労働をさせるためには三六協定が必要です。

このように同じ休日労働でも事前の振替えの方が残業代を抑制することが可能です。したがって，できる限り事前の振替えを行うのが望ましいといえます。事前に振替えをするには，雇用契約書や就業規則に定めが必要です。この場合の就業規則例としては下記の規定例のようになります。

〔就業規則による休日の振替規定例〕

第○条
1　会社は，業務上必要と認める場合，第○条に定める休日を他の労働日に振り替えることができる。
2　前項の定めにしたがって，休日を振り替える場合，従業員に対して振替対象となる休日または労働日を前日までに通知する。

7　有給休暇の管理

残業時間には直接的には関係しませんが，生産性を向上させるという観点からすれば，有給休暇を企業としてどのようにマネジメントするかは非常に重要です。特に，働き方改革関連法の成立によって，10日以上の有給休暇を有する従業員に対して，年間5日以上の有給休暇を現実に取得させなければならなくなりました（労基法39条7項）。2019年4月から施行されていますので，2020年4月の時点で施行から1年が経過することになり，実際に5日間取得させているかどうかをチェックすることができる状況になっています。今後，新型コロナウイルスへの対応が一段落した後に，労基署が定期監督などを通じて，取得状況を確認して，違反企業には是正勧告が出されることも予想されます。その意味では，労基署対策としても，この有給休暇に関するルールを適切に把握し，管理をしていかなければなりません。

　有給休暇の管理で押さえておかなければならないのが，基準日が従業員ごとに異なるということです。すなわち，入社から半年経過する時点が，4月1日に入社した従業員と6月20日に中途採用で入社した従業員で異なるという点です。前者の従業員は10月1日が基準日になり，後者の従業員は12月20日が基準日になります。先ほどの年間5日というのは，基準日から1年間ということになっており，個別に有給休暇を把握しなければなりません。そこで，**書式7**のような有給休暇管理簿を作成し，これを用いて各人の有給休暇の取得状況を管理していくことが有益です。

　また，企業のなかには，有給休暇を取得することに対して，抵抗がある従業員がいることがあります。特に残業代を見込んでいる従業員は，有給休暇を取得すると残業がその日はできないため，残業代が減ってしまうためです。こうした有給休暇を取得したがらない従業員に対しても，5日間の有給休暇を与えなければ，企業側が労働基準法違反として罰せられることになってしまいます。そこで，計画年休を設定するという方法を検討します。

　計画年休とは，企業側があらかじめ指定した日に従業員に対して有給休暇を取得させるものです。計画年休を採用するためには労使協定が必要で，有給休暇のうち5日間は，労働者側が自由に取得できるように残しておかなければなりません。労使協定の書式例は，**書式8**ないし**書式10**を参考にしてください。計画年休には，全従業員に一律取得してもらう一斉休暇とグループ（班）ごとに付与する形，個人ごとに計画表を作成する個別付与方式があるとされており，どの方式をとるかは企業の置かれた状況によって，選択する必要があります。工場などの製造業の場合は，製造ラインをすべて止めるのは避ける必要があるため，グループ別の計画年休が適しているといえます。

〔書式7　有給休暇管理簿〕

氏名	基準日 (取得予定日)	基準日時点の年休保有日数	取得日数合計	4月	5月	6月	7月	8月	9月	10月	11月	12月	1月	2月	3月
			0												
			0												
			0												
			0												
			0												
			0												
			0												
			0												
			0												
			0												
			0												
			0												
			0												
			0												
			0												
			0												

2019.4.1以降に10日以上の年休が付与される従業員に対して，当該取得日（基準日）から1年以内に5日間以上の年休を取得させなければならない。

例：2019.10.24に10日間付与➡2020.10.24までに5日取得させる。

勤務時間管理者はタイムリーに取得状況を確認。

時間単位の年休は5日取得にカウントされないため注意。

〔書式8　計画年休の労使協定例（一斉休暇）〕

○○株式会社（以下，「会社」という。）と従業員代表とは，○○年の年次有給休暇の計画的付与に関して，次のとおり協定する。

第1条（対象者）

この協定により年次有給休暇の計画的付与の対象となる者は，次のいずれかに該当する従業員を除き，会社に常時使用される者とする。

（1）年度初日に年次有給休暇日数が5日以下の者

（2）長期欠勤，休職および休業中の者

（3）産前産後休暇中の者

（4）育児休業・介護休業中の者

（5）その他対象外とすることが適当と認められる者

第2条（年次有給休暇の計画的付与）

会社は，本協定の定めるところにより，従業員の有する年次有給休暇のうち5日を超える日数の部分について，予め時季を指定して与えることができる。

2　○○年の年次有給休暇のうち○日分については，次の日に与えるものとする。

○月○日，○月○日，○月○日

3　この協定の定めに関わらず，業務遂行上やむを得ない事由のため，前項の休暇指定日に出勤を必要とするときは，会社と従業員代表との協議のうえ，休暇指定日を変更するものとする。

○年○月○日

○○株式会社

代表取締役○○○○　印

従業員代表

○○○○　印

〔書式9　計画年休の労使協定例（班別付与）〕

第1条（略）

第2条（年次有給休暇の計画的付与）

　会社は，本協定の定めるところにより，従業員の有する年次有給休暇のうち5日を超える日数の部分について，予め時季を指定して与えることができる。

2　各課において，その所属の従業員をA，Bの2グループに分けるものとする。ただし，その調整と決定は各課長が行う。

3　各従業員が保有する○年度の年次有給休暇のうち○日分については各グループの区分に応じて，下表のとおり与えるものとする。

　Aグループ　8月5日～9日

　Bグループ　8月18日～19日

4　社員のうち，その保有する年次有給休暇の日数から○日を差し引いた日数が「5日」に満たない者を本協定の対象とする場合，その不足する日数の限度で，第3項に掲げる日に特別有給休暇を与えるものとする。

5　この協定の定めに関わらず，業務遂行上やむを得ない事由のため，前項の休暇指定日に出勤を必要とするときは，会社と従業員代表との協議のうえ，休暇指定日を変更するものとする。

　　　○年○月○日

　　　　　　　○○株式会社
　　　　　　　代表取締役○○○○　印

　　　　　　　従業員代表
　　　　　　　○○○○　印

〔書式10　計画年休の労使協定例（個人別付与）〕

第１条（略）

第２条（年次有給休暇の計画的付与）

　会社は，本協定の定めるところにより，従業員が保有する○年度の年次有給休暇（以下「年休」という。）のうち，５日を超える部分については６日を限度として計画的に付与するものとする。なお，その保有する年休の日数から５日を差し引いた日数が「６日」に満たないものについては，その不足する日数の限度で特別有給休暇を与える。

２　年休の計画的付与の期間及びその日数は，次のとおりとする。

　前期＝４月～９月の間で３日間

　後期＝10月～翌年３月の間で３日間

３　各個人別の年休付与計画表は，各回の休暇対象期間が始まる２週間前までに会社が作成し，通知する。

４　各従業員は，年休付与計画の希望表を，所定の様式により，各回の休暇対象期間の始まる１か月前までに，会社に提出しなければならない。

５　会社は，前項の希望表に基づき，各従業員の休暇日を調整し，決定する。

６　この協定の定めに関わらず，業務遂行上やむを得ない事由のため，前項の休暇指定日に出勤を必要とするときは，会社と従業員代表との協議のうえ，休暇指定日を変更するものとする。

　　　○年○月○日

　　　　　　　　　　　　　　　○○株式会社

　　　　　　　　　　　　　　　代表取締役　○○○○　印

　　　　　　　　　　　　　　　従業員代表　○○○○　印

8　AI，ITシステムの導入

　18世紀から19世紀にかけて，世界的に産業革命が起こった要因の一つが，製鉄技術の向上による機械化といわれています。そして，21世紀になって四半世紀が経とうとしている現在，AIやインターネット技術の進歩により，新たな産業革命，ビジネスの変化が起ころうとしています。

　2020年4月からは5G時代に突入し，高速大容量，低遅延，多数同時接続の時代が本格的にスタートします。スマートフォンが普及しはじめたのが約10年前のことですが，この10年で私たちの生活環境は大きく変わりました。

　こうしたIT技術は，生活だけでなく，働き方にも影響を与えるものです。在宅勤務をはじめとするテレワークといった遠隔地での就労を可能にすることはもちろん，ビッグデータ分析など，生産性を向上させる可能性を秘めています。企業としては，こうした技術を生かして，自社の生産性を向上させることで，結果的に従業員の残業を減らすことができないか積極的に検討すべきです。

　弁護士業界においても，AIが契約書のリーガルチェックを行ったり，翻訳をしたりというサービスが世に出始めています。こうしたサービスを活用することで，パラリーガルや弁護士の業務効率を向上させることが可能になってくるでしょう。

　また，勤務管理システムも利便性が向上しています。WEB打刻はもちろん，遅刻や早退，有給管理をWEBシステムで行ったり，残業時間をモニタリングすることも可能になっています。中小企業においても，社労士に給与計算をアウトソーシングすることはもちろん，自社で給与計算を行うにしても，こうしたシステムを利用して作業効率を向上させることが必要です。

　AIやインターネット技術に任せるべき（得意とする）部分と，人が行うべき（得意とする）部分を適切に判断することで，効率化の効果は大きくなり，無駄な残業も削減することが可能になり，人手不足の時代でも競争力を維持することができるため，こうした投資は中小企業においても導入の必要性が高いといえます。

営業職の時間マネジメント

　ここまでは主に工場内で働く従業員や事務職といったオフィスワーカーを念頭に，不必要な残業を減らし，残業代を抑制すべく，時間管理のポイントを解説してきました。しかしながら，内勤ではなく，営業職といった外出先での業務が多い従業員については，目が届かないことも多く，マネジメントに当たっても，注意すべき点がいくつかあります。そこで，以下では営業職の時間管理について検討していきます。

1　みなし労働時間制を採用できるか

　企業のなかには，営業職は時間が把握しづらいため，当然にみなし労働時間制を適用できると考えていることもあります。しかしながら，第2編で解説したとおり，営業職の従業員すべてにみなし労働時間制を導入できるわけではありません。

　労基法38条の2で定める「労働時間を算定しがたいとき」とは，事業場外で行われる労働について，その労働態様ゆえに，「労働時間を十分に把握できるほどには使用者の具体的指揮監督を及ぼしえない場合」と考えられています（菅野517頁）。

　そうすると，以下の**図表3**の例のように事業場外で業務に従事する場合であっても，使用者の指揮監督が及んでいる場合については，「使用者の具体的

指揮監督を及ぼしえない」と評価することができず，労働時間の算定が可能であるので，みなし労働時間制の適用はできないことになります。

〔図表3　みなし労働時間制が認められない場合の例（昭和63・1・1基発1号）〕

①　何人かのグループで事業場外労働に従事する場合で，そのメンバーの中に労働時間の管理をする者がいる場合
②　無線やポケットベル等により随時使用者の指示を受けながら事業場外で労働している場合
③　事業場において，訪問先，帰社時刻等当日の業務の具体的指示を受けた後，事業場外で指示どおりに業務に従事し，その後，事業場に戻る場合

したがって，営業職でも外出先でチャットやスマートフォンにより会社に適宜就労状況の報告をさせていたり，必ず一度職場に来てから外回りを始め，終了したら必ず職場に戻ってきてから帰宅するといった場合には，みなし労働時間制は使用できないため，タイムカードなどで労務管理を図る必要があります。

以前と比べて，スマートフォンを持っていることが当然になりつつあり，外出先の状況を把握しやすくなっているため，みなし労働時間制を導入できるケースというのは非常に限られたものになるでしょう。そうすると，みなし労働時間制を安易に採用するのは得策ではなく，固定残業代を営業手当に含めるなどの措置の方がリスクは少ないと言えます。

裁判例についてみると，阪急トラベルサポート事件（最判平成26・1・24労判1088号5頁）では，ツアー旅行の添乗員の添乗業務について，ツアーの旅行日程は，会社とツアー参加者との間の契約内容としてその日時や目的地等を明らかにして定められており，その旅行日程について，添乗員は，変更補償金の支払いなど契約上の問題が生じ得る変更が起こらないように，また，それには至らない場合でも変更が必要最小限のものとなるように旅程の管理等を行うことが求められているため，業務の内容があらかじめ具体的に確定されており，添乗員が自ら決定できる事項の範囲及びその決定に係る選択の幅は限られていると認定しています。

また，ツアーの開始前には，会社は，添乗員に対し，会社とツアー参加者と

の間の契約内容等を記載したパンフレットや最終日程表及びこれに沿った手配状況を示したアイテナリーにより具体的な目的地及びその場所において行うべき観光等の内容や手順等を示すとともに，添乗員用のマニュアルにより具体的な業務の内容を示し，これらに従った業務を行うことを命じていることやツアーの実施中も添乗員に対し，携帯電話を所持して常時電源を入れておき，ツアー参加者との間で契約上の問題やクレームが生じ得る旅行日程の変更が必要となる場合には，会社に報告して指示を受けることを求めていたこと，添乗日誌を作成させていたという事実から，みなし労働時間制は採用できないと結論づけています。

　他方，みなし労働時間制の適用を認めた裁判例としては，ヒロセ電機事件（東京地判平成25・5・22労判1095号63頁）があります。この事例では，出張に出た際の労働時間について，みなし労働時間制が適用できるかが問題となりました。この点，東京地裁は，会社の旅費規程には，出張（直行，直帰も含む）の場合，所定就業時間勤務したものとみなすと規定されており，出張の場合には事業場外労働のみなし制が適用されることになっていたこと，実際にも，出張や直行直帰の場合に，時間管理をする者が同行しているわけでもないので，労働時間を把握することはできないこと，直属上司が当該従業員に対して，具体的な指示命令を出していた事実もなく，事後的にも，何時から何時までどのような業務を行っていたかについて，具体的な報告をさせているわけでもないことが認められるとして，適用を認めました。

　今紹介した裁判例を踏まえると，みなし労働時間制を適用できるのは，宿泊を伴う出張や日帰りの直行直帰の出張といった場合に限って適用していくのがよいでしょう。その際も，ある程度従業員側に時間の裁量を持たせておく必要があります。また，ヒロセ電機事件のように，みなし労働時間制を採用している旨を就業規則において明記しておくことも必要です。記載例は，次のようになります。

〔みなし労働時間制についての就業規則例〕

> 第○条　従業員が労働時間の全部または一部について事業場外で業務に従事した際，労働時間を算定しがたいときは，第○条に定める所定労働時間労働したものとみなす。

　なお，在宅勤務でもみなし労働時間制を導入する余地がありますが，この場合，下記の通達で要求されている点を満たしておく必要があります。

〔図表4　在宅勤務における事業場外みなし労働適用要件（平成20・7・28基発078002号）〕

> ①　当該業務が，起居寝食等私生活を営む自宅で行われること。
> ②　当該情報通信機器が，使用者の指示により常時通信可能な状態におくこととされていないこと。
> ③　当該業務が，随時使用者の具体的な指示に基づいて行われていないこと。

　ポイントとしては，②の携帯電話などを「常時通信可能な状態におくこと」という点でしょう。企業の方から携帯電話やパソコンの電源を常に入れておくようにといった指示をしないようにしておくことが重要です。

2　裁量労働制を採用できるか

　営業＝裁量が大きいというイメージから，企業としては裁量労働制を営業職に広く採用できると思われがちです。しかしながら，第2編で解説したとおり，専門業務型裁量労働制は，19業務に限定されており，このなかには営業は含まれていません。また，企画業務型裁量労働制についても，「事業の運営に関する事項についての企画，立案，調査及び分析の業務であって，当該業務の性質上これを適切に遂行するためにはその遂行の方法を大幅に労働者の裁量に委ねる必要があるため，当該業務の遂行の手段及び時間配分の決定等に関し使用者が具体的な指示をしないこととする業務」が対象業務とされ，厚生労働省の指

針においても，営業職は対象となっていません（平成15年厚労告353号改正）。

　この点，先の働き方改革関連法において，当初は裁量労働制の改正案に含まれており，対象業務として，「法人である顧客の事業の運営に関する事項についての企画，立案，調査および分析を行い，かつ，これらの成果を活用した商品の販売または役務の提供に係る当該顧客との契約の締結の勧誘または締結を行う業務」を新たに追加する予定となっていました。しかしながら，法案審議中に，裁量労働制に関するデータ改ざん問題が浮上したため，改正には至っておりません。

　そうすると，営業職に裁量労働制を採用することは現時点ではできません。実際に，大手不動産会社や損害保険会社が個別営業をしていた従業員に裁量労働制を適用して残業代を支払っていなかった事案で，不正な適用であるとして労基署から是正勧告を受けています。

3　社用車使用の場合の注意点

　外回りでの営業を行う場合，社用車を使用させるケースは多いですが，この場合の注意点としては，直行直帰を認めるかどうかをきちんと取り決めておくということです。

　すなわち，直行直帰を認めないというルールを定める場合，従業員としては，必ずまずは事業場に出勤し，自家用車から社用車に乗り換えて，外回り営業をし，帰りも一度事業場に戻ってきてから自家用車に乗り換えて自宅に帰宅するという流れになります。そうすると，始業時間は事業場に社用車を取りに来た時間，終業時間は社用車を戻しに来た時間ということになります。直行直帰の場合に比べて，相対的に労働時間が長くなる傾向にあります。また，訪問場所によっては，通常の始業時間よりも前に車を取りに来て誰もいない時間にタイムカードを押していたり，逆に戻りが遅くなり，同じように誰もその時間に従業員がいないといった事態が起こるため，必要性を判断できないまま打刻記録だけが残るということになってしまいます。

　さらに，前記1で説明した事業場外みなしの要件である，「労働時間を十分に把握できるほどには使用者の具体的指揮監督を及ぼしえない場合」に該当しない可能性が高くなります。社用車の乗り降りの際に事業場に来ることが必須となるため，労働時間を把握することも可能と考えられるためです。

　したがって，社用車営業に関して，直行直帰を認めないという運用をするのは，あくまで所定労働時間に近い範囲内で外回り営業を行う場合に限定した方がリスクは少ないということになります。

　他方で，直行直帰を認める場合には，社用車の管理を適切に行うようにルールを作る必要があります。例えば，社用車を適切に管理すること（盗難や故障などをさせない），プライベートでは使用しないことを徹底させなければなりません。プライベートで使用していた場合に交通事故を起こした場合，当然ながら企業は事故の相手方に対して，自賠法，不法行為による損害賠償責任を負うことになります。

4　休憩時間管理

　営業の場合，移動と移動の合間に休憩をとるなど，顧客の都合に合わせて一定程度流動的にならざるを得ません。みなし労働時間制を採用し，実際にも前記1で解説した要件を満たしていれば問題ありませんが，そうでない場合には，休憩時間も企業は管理しておかなければなりません。

　営業職でよくある主張が，打ち合わせが詰まっており，「休憩時間をとることができなかった」というものです。このとき，事務職に比べると，実際に従業員が休憩をとっていたかどうかを把握するのが難しいのが実情です。悪質なケースでは，外回りしていると称して喫茶店やファミレスでずっと1日過ごしているということもあります。スーツを着た営業マンがコーヒーを飲みながら，読書したりしている姿を見かけたことのある方も多いのではないでしょうか。

　そこで，上司の方で，従業員がオフィスに戻ってきた時点で，休憩は取れていたかを確認し，取れていなかった場合には，オフィスに戻ってきてから休憩

を取らせるといった対応が必要です。また，事業場外みなしを適用しない場合には，タイムカードやWEB打刻で，出退勤だけでなく，休憩時間も打刻させておくことが有益です。

　加えて，その日の外回りのスケジュールを適宜チャットで報告させたり，帰社後に日報を作成させたりするといった方法もあります。報告させることで，どのくらいの商談，打ち合わせ件数があったのかが把握でき，それに対する成果（売上げや受注）が当該従業員に発生しているのかどうかで勤務成績を測定することも可能になります。

　いずれにしても，みなし労働時間制を採用しない場合には休憩時間管理がおろそかにならないように注意が必要です。

5　メールの管理

　インターネット技術の発達により，現在では直接の面談や電話といったコミュニケーションに加え，メールでのコミュニケーションが一般的になっています。それに伴い，企業が当該従業員に個別のメールアカウントを作成し，発行していることも多くなっています。

　事務職であれば，オフィスのパソコンでしかメールすることもないでしょうが，営業職になると外出先でメールをすることもしばしばです。こうしたメールについても，ルールを策定しておかなければ，のちのち企業が残業代を請求される可能性があります。

　例えば，自宅で終業時間後の夜10時に顧客にメールを送っていた場合，その時間に業務を行っていたという裏付けになりえます。そのため，「終業打刻後のメール送信は原則として認めない。やむを得ない場合には，上司の許可を得る。」，「○時から○時までのメール送信を禁止する。」，「メール送信する場合には，必ず上司にCC，BCCで追加した上で送信する。」といったルールを用意すべきです。こうしたルールは就業規則の本則に入れても構いませんし，内規として作成しても構いません。

　「メール送信する場合には，必ず上司にCC，BCCで追加した上で送信する。」
というルールを設定した場合の注意点としては，上司が送信されたメールを放
任しておかないということです。Ⅲ1で解説したとおり，放任してしまうと黙
示の指示があったと評価されかねません。必ず，送信した時間を確認し，終業
時間を過ぎている場合には，禁止されていることを指導しておく必要がありま
す。

　チャットなども同様で，執務時間以外の使用を禁止し，メッセージの送信時
間が不適切な場合には，内容面の前に当該時間に送信すべきでないことを指導
しなければなりません。

6　日報作成の是非

　営業職の場合，「業務日報」，「営業日報」という名称でその日のスケジュー
ルを報告させている企業も多くあります。こうした日報を作成させるべきかど
うかについて解説します。

　まず，前記1の事業場外みなし労働制を導入している企業では，日報を細か
く作成させることは，控えるべきでしょう。日報を作成してもらうことで，会
社が従業員の労働時間を把握することは十分に可能であると判断されることに
つながるからです。

　したがって，日報を作成させるのは，みなし労働時間制を導入しない企業が
適切といえます。この場合でも，5分単位など，あまりに細かく日報作成を指
示すると，日報の作成自体に時間がかかってしまいます。企業が日報作成を命
じる以上，その作成時間は当然労働時間になります。そのため，作成させる場
合でも，打ち合わせの件数，開始と終了時間など必要最低限にとどめるのがよ
いでしょう。

　日報の代わりに，顧客と打ち合わせをした場合に，議事録やヒアリングシー
トといった書類を作成し，顧客と共有する場合には，当該議事録やヒアリング
シートを提出してもらうという方法もあり得ます。一戸建ての建築といった営

業の場合，打ち合わせのたびに，内容の相違がないようにするために，顧客に
サインをもらうような形式で議事録を作成することがありますが，こうした議
事録に時間も記載するようにすれば，客観性が担保されやすい資料になります。

賃金規定・雇用契約書の整備

　ここまでは労働時間の管理という観点から不必要な残業時間を削減するにあたってのポイントを解説してきました。ここからは，賃金の観点から残業代を抑制するために検討すべき施策について言及していきます。

1　残業代と各種手当の位置付け

　残業代について適切な認識をもつためには，残業代の計算方法を正確に把握しておく必要があります。そこで，まずはこの点について説明します。時間外労働であれば25％の割増，深夜労働であれば25％の割増，休日であれば35％の割増ということは把握していても，どの金額に対しての25％ないし35％割増なのかを把握している方は少ないです。

　残業代を計算する際に，基礎賃金に加えなくてよい手当（除外手当）については，労働基準法37条5項に基づいて省令に定められています（**図表5**）。

　まず，家族手当，通勤手当，別居手当，子女教育手当，住宅手当です。これらは，個人的な事情により支給される手当と考えられており，労働の内容や量とは関係性がないという理由からです。なお，除外賃金にあたるかどうかは，手当の名称を問わず，実質的に判断されるとされており（昭和22・9・13基発17号），家族手当という名称でも，扶養人数の有無や数によって，金額が変わらずに一律支給されているような場合には，除外賃金とすることができなくな

るため注意が必要です。通勤手当についても同様で，通勤費用や自宅からの距離に応じて金額が変わらず，一律支給の場合には除外賃金にできなくなってしまいます。住宅手当についても注意が必要です。すなわち，除外対象となっているのは，住宅の賃料額やローン月額の一定割合を支給するというように，住宅に要する費用に応じて算定される手当をいい，持家居住者は1万円，賃貸住宅者は2万円といった支給方法では，除外賃金にできないことになっています（平成11・3・31基発170号）。

　次に，臨時に支払われる賃金で，慶弔手当などが該当します。

　最後に，1か月を超える期間ごとに支払われる賃金で，典型例が賞与です。ただし，あらかじめ年俸制として，年間額を決定しておいたうえで，その一部を賞与として支給しているという場合には，除外できません（平成12・3・8基収78号）。具体的には，年俸600万円と事前に定めて，月額40万円，賞与で120万円を支払うというような場合です。

〔図表5　除外賃金とできる手当〕

```
①　家族手当，通勤手当，別居手当，子女教育手当，住宅手当
②　臨時に支払われた賃金　慶弔手当
③　1か月を超える期間ごとに支払われる賃金　賞与等
```

以上を前提に，具体的な事例を用いて，残業代の単価を計算してみましょう。

給与の種類	A社	B社
基本給	20万円	22万円
職務手当	3万円	なし
精勤手当	1万円	なし
資格手当	1万円	なし
通勤手当	実費	実費

　上記のような給与体系の2つの会社があり，両社とも月の所定労働時間は8時間×20日＝160時間とします。この場合，まず，A社の基礎賃金は，（基本給20万円＋職務手当3万円＋精勤手当1万円＋資格手当1万円）÷160時間＝

1562.5円となり，25％の割増は1563円×1.25＝1953.75円で1954円となります。

　他方で，B社の基礎賃金は，基本給22万円÷160時間＝1375円となり，割増賃金は1718.75円で1719円となります。

　このように基本給だけみるとA社よりもB社の方が高いにもかかわらず，残業代の基礎となる割増賃金はA社の方が1時間当たり235円も高くなっています。仮に，この両社の時間外労働が月45時間程度あったとすると，1人当たり235円×45時間＝1万575円も差がでてきます。

2　手当の見直し

　先ほどの事例で具体的に計算してみてわかるとおり，さまざまな手当を用意している企業ほど，残業代が高くなる傾向にあります。中小企業のなかには，基本給だけが割増賃金の対象と考えてしまい，基本給を低く設定したうえで，さまざまな手当を足して給与額を高くしている企業も見受けられますが，全く効果はありません。のちに，計算方法が誤っているとして従業員から未払残業代を請求されれば，手当も含めて計算した金額の残業代が認められることになります。

　このように考えると，むやみに手当を増やして支給するのは，残業代の観点からすれば好ましくないといえます。そこで，自社で今支給している手当としてどのようなものがあるか，その手当の趣旨は何か，金額は妥当なものかという点を検証する必要があります。

　この検証の結果，不要な手当，趣旨に沿わない手当，金額が大きすぎる手当については見直しを図らなければなりません。例えば，A社の事例でいえば，精勤手当は条件設定が低く，ほぼ自動的に要件を満たすことになるので，精勤に対するインセンティブが働いているのか疑問といえるかもしれません。また，職務手当もA社としては残業代の趣旨を含んでいるつもりで設定しているものかもしれません。この場合には，手当の支給条件を明確にしなければなりません。固定残業制については，4で後述します。

3　不利益変更への対応

　手当の見直しを検討し，見直すべき手当が見つかった場合でも，すぐにその手当を廃止できるかというと，必ずしもそういえません。労働契約法では，使用者が労働者よりも強い立場にあることを背景に，一方的に労働者に不利な変更ができないようにルールを設けています。

　すなわち，労働条件の変更には原則として，労働者と使用者の合意が必要であるとしています（労契法8条）。そして，合意がない場合には労働者の不利益に労働契約の内容である労働条件を変更することはできないと定めています（労契法9条）。そのうえで，例外的に合意がない場合でも企業が就業規則（賃金規定）で労働条件を変更するためには，「変更後の就業規則を労働者に周知させ，かつ，就業規則の変更が，労働者の受ける不利益の程度，労働条件の変更の必要性，変更後の就業規則の内容の相当性，労働組合等との交渉の状況その他の就業規則の変更に係る事情に照らして合理的なものである」ことを要求しています（労契法10条）。

　この一連のルールからすれば，変更するにあたっては，変更の内容を労働者に説明し，個別に合意を得ることが原則として必要です。手当の廃止は，通常給与の減額を意味するため，合意を得るには，財務状況の説明をするなど，ある程度根拠を示す必要があるでしょう。

　また，合意が得られない場合でも，すぐに手当全部を廃止したりせず，段階的に金額を下げたり，成果主義を徹底し，それを賞与に反映させ，業績によっては賞与アップの可能性があるなど，必ずしも従業員に不利益な変更だけでないことを示す形で制度の見直しをしなければなりません。この点，年功的な賃金制度から成果主義を重視した賃金に移行した事例で不利益変更の合理性が争われた裁判例では，変更についての経営上の高度の必要性，生じうる増減額の幅，評価の基準・手続，経過措置等において相当性を考慮事情として，組合との交渉経過なども勘案して合理性を判断しています（ノイズ研究所事件：東京高判平成18・6・22労判920号5頁）。

このように手当の廃止は慎重に進める必要があります。また，明確な賃金規定を設けておらず，個別の雇用契約により賃金額を決定している中小企業の場合には，一度決めると変更が難しいということを十分念頭に置いて賃金制度を構築することが大切です。

4　固定残業手当導入のポイント

第2編Ⅰで解説したとおり，固定残業手当を導入することで，あらかじめ月額の給与に一定の残業時間に対する手当を支給することができるので，企業側にとっても，従業員側にとっても，月額の人件費の変動を抑えることができます。従業員側からすると，残業の多い月と少ない月で給与の額が大きく変わってしまうと安定した生活を送ることが難しくなるため，ある程度一定の金額を受け取れるほうがよいと感じます。

特に，**Ⅳ**で説明した営業職をはじめとするオフィス外での仕事が多くなる職種については，どうしても一定の残業時間というものが発生してしまいます。また，営業時間が長くなる飲食店をはじめとするサービス業界も残業時間が生じやすい業種です。時給制のアルバイトであれば，時間で支払いを行うので問題は少ないですが，社員の場合には，残業代が高くなってしまいがちです。夜間の就労が予定されている介護関係の仕事や看護師についても，深夜割増を含めた時間外労働が多くなりやすくなります。

そうすると，このように一定の残業時間が見込まれる従業員については，固定残業手当を導入するのがよいといえます。

ただし，固定残業手当を導入するにあたっては，注意すべき点があります。

まず，**第2編Ⅰ**で紹介した裁判例からも，基本給の部分と残業代の部分を明確に区別しておかなければならないということです。企業側が口頭で，残業代込で月額25万円などと説明したり，雇用契約書で給与を単に基本給25万円と記載したりしただけでは，固定残業手当として認められません。同じく，月額25万円の給与のうち，基本給が20万円，残業手当を5万円と記載していても，

5万円が何時間分に対する残業手当なのかが明確になっていないため，固定残業手当として法的に認められないリスクがあります。そうすると，企業側が残業手当として支給している金額が全く残業代として考慮されないということになってしまいます。このことは二重の意味で，企業側にマイナスになります。

　すなわち，まず第1に残業代として評価されないという点がマイナスになります。もう1点が，残業代として認められないことから，残業代として支払っていたものを加算して割増賃金を計算することになるというマイナスです。具体的には，先ほどの事例で25万円のうちの5万円を残業代として認めてもらえない場合，月の所定労働時間を160時間と仮定すると，20万円÷160時間×1.25＝1563円とならず，25万円÷160時間×1.25＝1953円が1時間当たりの単価になるということです。この違いは非常に大きくなります。1時間当たり390円もの差がありますので，月20時間の残業時間があるとすると，第2のマイナス面は，20時間×390円×36か月＝28万800円になります。

　したがって，固定残業手当を導入する場合には，中途半端に採用するのではなく，裁判例を押さえて適切に設定することが非常に重要です。役職手当に固定残業代の性質を持たせる場合，就業規則（賃金規定）や雇用契約書に何時間分の時間外労働を含めるのかをきちんと明記しておかなければなりません。

　この場合，賃金額は従業員一人ずつ異なることが多いですので，その都度，賃金額の計算を行って，何時間分の残業手当をコミットさせるのかを把握する作業が必要になります。例えば，所定労働時間が月160時間，基本給20万円の従業員に対して，月額10時間分の時間外手当を役職手当に含めるとした場合，1563円×10時間＝1万5630円以下に設定することはできないことになります。20時間を見越して手当を付与するのであれば，1563円×20時間＝3万1260円となるので，3万2000円を手当額とするのが一つの方策になります。

　このようなシミュレーションを行ったうえで，先ほど述べた注意点に沿って，雇用契約書を作成することが必要です。基本給が上がれば，当然1時間当たりの割増賃金額が上がりますので，手当の額を上げていく必要があります。例えば，先ほどの事例の従業員が昇級して基本給25万円になれば，1時間当たりの割増賃金は1953円となりますので，引き続き20時間の残業代を固定で支払うのであれば，1953円×20時間＝3万9060円となるので，手当額は4万円という形

で設定することになります（3万9500円でも構いません）。雇用契約書のサンプルは書式11を参考にしてください。就業規則（賃金規定）の文例は，次のような形になります。

〔固定残業手当導入の場合の就業規則（賃金規定）例〕

> 第○条　固定残業手当
> 1　会社は，営業職に従事する従業員に対して，第○条の時間外手当（1.25）に代えて固定残業手当を支払う。
> 2　前項の固定残業手当の金額は，予想される時間外労働の時間数を考慮して，個別に決定し，従業員に書面をもって通知する。
> 3　従業員が前項で決定した時間数を超えて，時間外労働を行った場合には，前項の手当額に加えて，超過した時間に対する時間外手当を差額分として支給する。

　また，あらかじめコミットさせる時間数ですが，月80時間の時間外労働を含めるといったルールでは，最初から過労死基準レベルの残業を見越しているということを意味し，長時間労働の是正という近時の法令改正の流れに反するため無効と判断される可能性があります。固定残業代を導入するとしても最大45時間程度にとどめておくのが穏当です。過去の裁判例でも45時間を超える部分を無効と判断した事例もあります（ザ・ウィンザー・ホテルズインターナショナル事件：札幌高判平成24・10・19労判1064号37頁）。

　もう1点の注意点が，仮にあらかじめ手当にコミットした時間を超えた時間の時間外労働が発生した場合，その月に関しては差額を別途支給するよう運用を徹底しておくということです。先ほどの事例でいくと，残業時間が月20時間を超えた場合，別途残業代を計算して支払いをする必要があります。これを怠ってしまうと，そもそも制度として固定残業代を採用していたと評価することができないとの判断がなされるリスクがあります。

　ここまで解説した注意点を踏まえて，固定残業手当を導入する場合，時間を何時間に設定するのか，手当の額をいくらにしなければならないのかを個別に検討していくことが大切です。

〔書式11　雇用契約書（固定残業手当を導入する場合）〕

雇用契約書

1　（　　　　　　　）を甲，（　　　　　　　）を乙として，甲乙間において以下記載の労働条件により雇用契約を締結した。

雇用期間	期間の定めなし
勤務場所	
仕事の内容	
勤務時間等	時　　分から　　時　　分迄（うち休憩時間　　　分）
休　日	
所定外労働	1　所定外労働をさせることが（有）→（最大30時間程度） 2　休日労働をさせることが（有）→（　　　　　　　　）
休　暇	
賃　金	1　基本給　月額（20万円） 2　諸手当 　イ（営業手当　3万2000円　※月額20時間分の残業代を含み，残業時間が20時間を超える場合は，3の割増率に従って差額を支給する。） 　ロ（　　　手当　　　　円） 　ハ（　　　手当　　　　円） 　ニ（　　　手当　　　　円） 3　所定外労働等に対する割増率 　イ　所定外　a　法定超（25％）　b　所定超（―％） 　ロ　休　日　a　法定　（35％）　b　法定外（―％） 　ハ　深夜　　　　　（25％） 4　賃金締切日（毎月末日）　5　賃金支払日（翌月20日） 6　賃金の支払方法（　　　　　　　　　　　　） 7　賃金支払時の控除 　→（費目，金額等　　　　　　　　　　　　） 8　昇給（有／無） 　→（時期，金額等　　　　　　　　　　　　）

	9　賞与（有／無）
	→（時期，金額等　　　　　　　　　　　　　　　　）
	10　退職金（有／無）
	→（時期，金額等　　　　　　　　　　　　　　　　）
退職に 関する事項	1　定年制（　有（　　歳），　無）
	2　自己都合退職の手続（退職する　　日前迄に届け出ること）
	3　解雇の事由及び手続
	（　　　　　　　　　　　　　　　　　　　　　　　　）
	○詳細は，就業規則第　　条〜第　　条，第　　条〜第　　条
その他	

2　本人は就業規則等に定める諸規則を遵守し，誠実に職責を遂行すること。

3　その他，疑義が生じた場合には労働法令に従う。

　　　年　　月　　日
　　　　　　　　会　社　住所

　　　　　　　　　　　　　　　　　　　　　　　　　　印

　　　　　　　　本　人　住所

　　　　　　　　　　　　氏名　　　　　　　　　　　印

5　管理監督者の取扱いの是非

第1編Ⅵで解説したとおり，企業において課長，部長，店長などという役職を付していても，法的に管理監督者として取り扱うことが許されるかどうかは

別問題です。マクドナルド事件（東京地判平成21・10・21労判1000号65頁）に代表されるように，店長という位置づけであっても管理監督者性は否定されて，残業代の支払いを命じられています。

　過去の裁判例を振り返ってみても，管理監督者としての取扱いが認められたのは，徳洲会事件（大阪地判昭和62・3・31労判497号65頁）くらいであり，否定されている裁判例の方が圧倒的に多いのが実情です。

　したがって，中小企業においては，管理監督者として取り扱い，役職手当をその分支給するという方式はできる限り避けておいた方が無難です。仮に，役職手当によって，管理監督者として取り扱うのであれば，同額といかないまでも経営者の役員報酬に近い給与額になるようにしておかなければなりません。中小企業で役員1名，社長が1000万円，管理監督者として取り扱っている部長が500万円（半分）以下ということであれば，おそらく管理監督者としての取扱いは違法と判断される可能性が高くなるでしょう。

　仮に，現時点で管理監督者として取扱いを行っている企業があれば，4で解説した固定残業手当制に早めに移行をさせておいたほうがよいでしょう。時効期間が2年間から3年間に延長されて，施行から3年が経過する2023年まで制度変更を行わなければ，その時点で管理監督者性を争われて，未払残業代を請求されると，支払額が大きくなるリスクがあります。

　給与体系を変更するためには，当然従業員に一定の説明をしなければなりませんので，これまでの取扱いを変更する理由をどのように従業員側に伝えるのかをしっかりと検討しなければなりません。その説明のなかで，未払残業代を請求されるリスクも多かれ少なかれあるでしょう。しかしながら，時効期間が2年間の賃金がある現時点で説明して変更しておく方がよいのか，そのままにしておいて3年間分の請求を受けるのかを長期的なスパンで考えなければなりません。

　少なくとも，これから賃金体系を整備していく中小企業については，管理監督者の取扱いを導入するのは慎重でなければなりません。

リモートワークと残業代

1　リモートワークとは

　新型コロナウイルス感染症の影響もあり，リモートワークが注目されています。リモートワークとは，会社のオフィスや事務所から「遠く離れた」場所で働くことを意味する言葉です。同じような言葉としてテレワークという言葉もあります。テレワークのテレ「tele」も遠く離れたという意味がありますので，リモートワークもテレワークもオフィス以外の場所で働くという点は共通しています。リモートワークやテレワークは，在宅勤務よりも広い概念です。リモートワークやテレワークは，オフィスから離れた場所を意味しているので，必ずしも自宅である必要はなく，喫茶店やカフェ，コワーキングスペースなどで仕事をすることも含まれています。

　リモートワークは，ワークライフバランスが注目され，時間や場所を問わず柔軟で多様な働き方が望まれている中で，とりわけネットワーク環境やIT技術が進歩した近年浸透しつつある働き方です。

　リモートワークを導入した場合，企業が気になる点として残業代の問題があります。通常のオフィスでの勤務と異なり，リモートワークの場合，従業員が何時に仕事を開始して，何時まで仕事をしていたのか，途中で仕事を中断していたのかといった勤務時間に関する管理がしづらいためです。このような性質がリモートワークにはあるため，企業はリモートワークの従業員に残業代は支

払わなくてもよいと考えられるかもしれません。

　しかしながら，結論を先にお伝えすると，「リモートワークだから残業代を支払わなくてよい」というルールはありません。したがって，リモートワークでも残業代の支払いが必要となります。

　そうすると，企業としては，リモートワークを導入して従業員の裁量に完全に委ね，雇用管理を怠ってしまうと，従業員から思わぬ形で残業代を請求されることになってしまいます。そのため，リモートワークを導入する場合でも，労務管理は引き続き行う必要があり，むしろ，オフィスや工場で働く場合以上にマネジメントをしなければならないといえます。

2　リモートワーク導入時のポイント

　実際に企業がリモートワークを導入するにあたっては，以下の点に注意しておく必要があります。

(1)　勤怠管理ツールを確立する

　上述のとおり，リモートワークだからという理由だけで残業代を支払わなくてよいというわけでは決してありません。したがって，リモートワークを導入する場合には，始業と終業をどのように管理するのかについて検討しなければなりません。WEB勤怠システムを導入したり，チャットで仕事の開始と終了を管理者に知らせてもらうようルールを決めたり，ズームやハングアウトといったオンライン会議を利用して，始業と終業時にミーティングをしたりといった方法が考えられます。

(2)　残業については許可制にする

　また，オフィスや工場での勤務の場合と同様に，リモートワークでも残業については許可制とするという方法も不当で不必要な残業を従業員にさせないために有効な手段となります。リモートワークのため，残業の許可申請，許可も

通常はオンラインで行うことになります。この場合の注意点としては，許可制を形骸化しないために，管理職が従業員の残業を黙認しないということです。オフィスでの就労と異なり，直接働いている姿をみる機会がないため，その場で声をかけたりすることができず，目が届かないことが増えてしまいます。許可を得ずにリモートワークで残業を行っていることがうかがわれた場合，注意をするなどしておかなければ，従業員側から事実上許可を得ない残業が暗黙の了解となっていたなどと主張されるおそれがあります。

(3)　みなし労働時間制の活用を慎重に検討する

　勤怠管理ツールの確立や，残業の許可制などの検討を踏まえて，どうしても従業員の労働時間を把握することができないといえる場合，みなし労働時間制を使用できるかどうか検討することになります。

　みなし労働時間制とは，第2編Ⅳで解説したとおり，労働基準法で定められたルールで，「労働者が労働時間の全部又は一部について事業場外で業務に従事した場合において，労働時間を算出し難いときは，所定労働時間労働したものとみなす」ものです。リモートワークも一見すると，労働時間の全部を事業場外で行うわけですので，労働時間を算出し難いときにあたるように思えます。

　しかしながら，この労働時間を算出し難いときという点についてはかなり厳格に考えられており，裁判所も簡単にこの制度の適用を認めてくれていません。リモートワークのうち，在宅勤務については，以下の要件を最低限満たす必要もあります。

---

①　当該業務が，起居寝食等私生活を営む自宅で行われること。
②　当該情報通信機器が，使用者の指示により常時通信可能な状態におくこととされていないこと。
③　当該業務が，随時使用者の具体的な指示に基づいて行われていないこと。

　ポイントとしては，②の携帯電話などを「常時通信可能な状態におくこと

されていないこと」という点でしょう。みなし労働時間制を導入する場合には，企業の方から携帯電話やパソコンの電源を常に入れておくようにといった指示をしないようにしておくことが重要です。また，法的な適用が問題になるため，専門家である弁護士に相談したうえで進めるべきでしょう。

⑷　フレックスタイム制度を検討する

リモートワークはある程度従業員に働き方を自分で決めるように任せるという必要も出てきます。そこで，企業としては，フレックスタイム制度を導入するという方法も選択肢の一つになります。フレックスタイム制度（労基法32条の3）とは，1日の労働時間の長さを固定せずに，1か月以内の一定の期間の総労働時間を定めておき，労働者はその総労働時間の範囲で各労働日の労働時間を自分で決めるという制度です。

フレックスタイム制では，「フレキシブルタイム」と「コアタイム」を定める必要があります。「コアタイム」とは，必ず業務をしていなければならない時間です。「フレキシブルタイム」とは，その時間帯のなかであれば自由に仕事をするか，または仕事をせずに家事やプライベートの時間をとってもよい時間帯のことです。フレックス制度を導入する場合には，通常の働き方と異なるため，従業員の教育もある程度必要になるでしょう。

⑸　メールやチャットについてルールを決める

リモートワークでは，従業員の仕事の管理がどうしても対面の場合と比べて難しいため，メールやチャットといった各種コミュニケーションツールのルールを決めておくことが重要です。例えば，「夜10時以降はメールやチャットを一切しない」，「顧客からメールが届いても，○時～○時の時間以外には，返信をしない」といったものです。こうしたルールを定めておかなければ，自宅のパソコンで四六時中，メールやチャットを行い，残業をしていたと従業員が主張し，残業代を企業に要求してくる可能性も出てきます。ここまで見てきたようにリモートワークでも残業代の支払いをしなければなりません。したがって，リモートワークを導入するにあたっての適切な検討と導入後の運用，従業員管理，教育も必要になります。

労働時間，残業代の証拠の整備

　残業代を抑制するためには，これまで説明してきたように，労働時間の管理を日々行い，従業員の労働時間に関する資料や証拠を整備しておくことが必要です。以下では，筆者のこれまでの経験なども踏まえて，残業代請求の証拠となりうる資料と主な注意点を解説します。

1　タイムカード

　まず，労働時間を把握するツールとして，多くの企業がタイムカードを使用しています。タイムカードは，毎月従業員ごとに紙ベースのカードを交付し，機械に通して始業と終業時に打刻し，時間を記録するものとインターネット上で，打刻をして管理をするWEBのタイムカードがあります。近時は，WEBの勤怠システムが普及しており，多くの企業が紙ベースからWEBベースに変更をしています。

　どちらの方式を採用するにしても，各従業員の記録は労働時間を把握するための重要な書類であるため，企業には過去3年間分の保存が義務付けられています。時効が今後5年間になった場合には，5年間に延長されることになっています。

　こうしたタイムカードは残業代請求において非常に重要な証拠となります。上記のとおり，企業に保存義務があるため，残業代請求の労働審判や裁判にお

いて，タイムカードを導入していれば，当該資料を裁判所に提出することが求められます。

　裁判実務においては，タイムカードは仕事をした時間が記録されているものという考え方に基づき，特段の事情がない限り，その記録された時間就労したものと認定される傾向にあります。したがって，始業時間前にタイムカードを打刻している，残業時間が異常に長い，定時後に仕事をしていないにもかかわらず，打刻処理をしていないといった状況がタイムカードに反映されていないかどうか，毎月きちんとチェックしておくことが必要です。企業側で異常を放置したまま，給与計算を続け，一方的にタイムカードに記録された時間をカットして支給していると，残業代を請求されるリスクが高くなるだけでなく，その金額も異常を放置したがために大きくなってしまうということになりかねません。

　中小企業の多くは，このタイムカードの管理が不十分なために，残業代請求をされてはじめてタイムカードをしっかりと確認するといった対応になりがちです。その時点で，このタイムカードは実態を反映していないと企業側が主張しても，タイムカードの打刻時間と労働時間が異なっていることを裏付ける証拠がないことも多く，企業側の対応が後手に回ってしまいます。給与計算を社労士にアウトソーシングしていると，社労士に任せきりになり，自分たちで把握しきれていないということも起こり得ます。社労士にお願いしている場合でも，賃金支払いのタイミングで全体の残業時間がどの程度に及んでいるか，タイムカードにおかしな点がないかどうかということを共有しておくことが大切です。

2　日　報

　タイムカードと並んでよく残業時間の証拠として出てくるものとして日報があります。建築や土木工事などの場合には，その日の作業を記録する作業日報，営業職の場合には営業日報という形で，日報が作成されます。

　こうした日報書類も労働時間を把握するための資料として適切に管理をしておくことが必要です。特に，タイムカードと日報を併用している企業の場合，タイムカードの時間と日報に記載された時間が乖離していないかをチェックしておくことが必要です。そもそも日報を作成する従業員のなかには，実際の時間を正確に記入せず，信用性がそもそも乏しいというものもあります。

　日報に記載された時間が適当で意味をなしていないのであれば，作成自体をやめる，作業内容や訪問先などの情報だけを記入し，時間の記入はしないということも検討すべきです。日報を作成することも労働時間になるため，意味をなしていない書類の作成時間に賃金を支払うことこそ，無駄な残業代を支出することにつながるためです。

　したがって，従業員に日報を作成させている企業は，なぜ作成してもらっているのか，作成した日報をどのように活用していくのかということを明確にしておくことが必要です。筆者の事務所でもパラリーガルには日報を作成してもらっていますが，労働時間管理というよりは，それぞれの従業員がどの作業にどのくらいの時間をかけているのかを日報を作成することで自ら認識し，作業時間を短縮したり効率化できないか，無駄な時間を過ごしていないかをセルフチェックするためのツールとして用いています。

3　PCログ記録

　事務職などを中心に現在は仕事をするためにパソコンを使用することが多くなっています。インターネットを利用したタイムカードについては前記1で説明しましたが，こうしたシステムとは別に，パソコン1台1台のログイン（起動），ログアウト（シャットダウン）の時間がパソコン上にログとして記録されていきます。

　こうしたログ記録は，ウインドウズ，MACとも一定の操作をすることで，過去の一定期間のデータを出力することが可能です。従業員が自分の使用していたパソコンのログ記録を抽出し，印刷して保管したうえで退職後に残業代を

請求してくるといったことも近年では増えてきています。

　このログ記録の際に出てくる主張としては，タイムカードの打刻時間とPCのログ記録が異なっているのは，タイムカードの打刻を定時でしたのちに，残業することを強いられていたといったものです。

　こうした主張を防ぐためには，始業時にパソコンを立ち上げること，終業時にはパソコンをシャットダウンして帰宅することを徹底させ，残業している姿を見たのにタイムカードは定時で打刻してあるといった場合には，黙認しないということが必要です。

　また，なかには業務終了後の食事先を会社のパソコンで調べたりというプライベートな目的のために始業前や終業後（もちろん就業中もありえます）に使用しているというケースも散見されます。企業が事業活動を行うために，貸与しているパソコンですので，こうした私的な使用を行わないよう指導するとともに，不審な従業員がいた場合には，当該パソコンを定期的にモニタリングするといった対応を検討しなければなりません。

4　賃金台帳

　残業代を計算するためには，基礎賃金を算出しなければなりません。こうした給与の支払状況を記録しておく資料が賃金台帳です。賃金台帳もタイムカードと同じく，3年間の保存義務があります。

　残業代を請求してくる従業員のなかには，給与明細を紛失していて，自分の都合のいいように残業代の計算をしている場合もあります。また，高い月の給与をベースにして残業代を要求してくるということもあります。

　したがって，企業としても賃金台帳は労働基準法に従ってきちんと記録，保管し，適切に計算をできるようにしておかなければなりません。企業のなかには，従業員に対して交付している給与明細と賃金台帳の項目が合致していないというケースも見受けられます。こうしたズレがあると，手当の位置付けが不明確となり，基礎賃金から本来であれば除外できるものも含めて計算される可

能性も出てきますので注意が必要です。

5　タコグラフ・デジタコ

　運送業やタクシーをはじめとする自動車運転業務に従事する従業員について
は，使用するトラックやタクシーにタコグラフを設置して，運行時間を管理し
ています。最近はデジタコが普及しています。長距離運送を中心に長時間労働
が多い業種とされ，それが原因で交通事故が発生しているという状況を踏まえ，
平成29年4月1日からは車両総重量が7トン以上，最大積載量が4トン以上の
トラックについては，タコグラフの設置が義務付けられています。

　したがって，運送業を営む企業はタコグラフやデジタコが労働時間を把握す
る重要な証拠になります。タコグラフやデジタコの注意点としては，積荷や荷
下ろしの時間，休憩時間については，ドライバーが適切に処理しなければ，労
働時間を把握できないという点が挙げられます。

　デジタコに走行記録がなければ，その時間は走っていないということはわか
りますが，作業をしていたのかどうかまでは把握できません。また，従業員の
なかには早く目的地に到着したいと考えて，高速道路のサービスエリアなどに
寄らずに続けて運転を行うといったケースもあります。

　タイムカードと同じく，定期的に運行記録を精査して，長時間労働が常態化
していないか，休憩時間をきちんと取得しているかをチェックしておくことが
必要です。

6　従業員側から出てくる証拠

　これまで説明した証拠は通常，企業側が労務管理のために作成，保管してい
るものですが，残業代請求においては，従業員側から以下のような資料が証拠

として提出されることがあります。

(1)　SNS，LINE

　ここ10年の間にスマートフォンが普及し，誰もがスマートフォンを保有している時代です。それに伴い，20代〜30代を中心に，SNSで自分の近況を投稿するといったことが行われています。

　残業代請求に関していえば，ツイッターやフェイスブックで，自身の就労状況を書き込んで，それを残業していたことの証拠として提出するといったことがなされることもあります。例えば，ツイッターで「残業なう」，「やっと仕事終わった」などという投稿です。

　こうしたつぶやきだけではもちろん信用性は高いとはいえませんが，例えば，パソコンのログ記録と整合性があるというように，他の証拠と組み合わされることで，信用性を高め合って，残業していたことが第三者である裁判所に認定されるといったケースもあります。

　他にも，長時間労働で精神的に不調に陥ったり，最悪の場合自殺に至ったりした場合には，労災手続において，過去の投稿が労災かどうかを判定する資料になることも考えられます。

　同じく，友人や家族とのやり取りの記録としてLINEのトーク履歴を証拠として提出してくることも増えてきています。具体的には，「いま仕事終わった」，「今から帰る」などといったやり取りです。こうしたトーク履歴とオフィスのセキュリティーの施錠時間が合致したりすると，その時間まではオフィスにいたことを裏付ける証拠として捉えられることになります。

(2)　日　記

　こうしたSNSやLINEなどと同じく，紙ベースの日記が証拠として提出されることがあります。営業職などの場合，日記にその日の訪問先，訪問時間などを記載しておき，それをその日の労働時間の証拠とするという形です。

　日記もあくまで個人的なメモにすぎませんので，直ちに信用性が高いとして，メモどおりの残業が認定されるということはありませんが，例えば，企業に提出している日報と日記の記載が一致しているといった場合には，信用性が高ま

ることになります。

(3)　メール

　営業職に関して本編Ⅳで解説したとおり，従業員側から企業が貸与したアカウントを使用したメールのやり取りを残業の資料として提出してくることがあります。業務に使用するアカウントのため，その時間就労していたという証拠になりやすいですが，他方で，メールを送った時点だけ単発的に業務を行っただけで，継続して業務を行っていたわけではないということも往々にしてあります。

　こうした事態を防ぐためには，メールの運用マニュアルを作成し，オフィス外からのメール送信を一切禁止したり，送信してはいけない時間を定めたりして，企業としてメールに関するルールを定めておくことが必要です。運用に違反する場合には，指導をすることも企業が黙認していないことを示すためにも重要なポイントです。

未払残業代請求の実情

1　データでみる未払残業代の実情

　厚生労働省は，未払残業代の問題について，労基署を通じて指導や是正勧告を行った企業の件数や未払金額について，年に1回公表しています。直近のデータ3年分は**図表6**のとおりとなっています。なお，このデータは1企業当たりの未払額が100万円を超えたものを対象としています。

〔図表6　監督指導による賃金不払残業の是正結果（厚生労働省公表データより）〕

	是正企業数	対象労働者数	割増賃金合計額
平成28年度	1349企業	9万7978人	127億2327万円
平成29年度	1870企業	20万5235人	446億4195万円
平成30年度	1768企業	11万8680人	124億4883万円

　上記データからは，毎年1000社以上の企業が従業員に対する未払残業代があるとして指導，是正勧告を受けているということがわかります。そして，対象労働者数も10万人ほど，その金額も100億円を毎年超えているという実態が明らかとなっています。平成29年の446億円というのは，過去10年のデータをみても突出しており，参考値としてみておいた方がよいでしょう。
　この現在のデータは，時効が2年間の制度上のことですので，時効が3年と

なって以降は金額がさらに増加することも予想されます。

　平成30年度のデータをさらに細かくみていくと，是正指導を受けた企業の業種の内訳は**図表7**のとおりとなっています。

〔図表7　違反企業の業種内訳（平成30年度）〕

業　　種	件　数（割合）
製造業	332社（18.8%）
商業	319社（18%）
保健衛生業	230社（13%）
建設業	179社（10.1%）
運輸交通業	118社（6.7%）
接客娯楽業	114社（6.4%）
教育・研究業	108社（6.1%）
その他	368社（20.8%）

　業種別にみると，やはり製造業が一番多く，商業，保健衛生業と続いています。飲食店を含む娯楽接客業は全体の6％ほどとなっています。拘束時間が長くなる運送業も建設業に次いで多くなっています。

〔図表8　業種別の対象労働者人数〕

業　　種	人　数（割合）
保健衛生業	2万3981人（20.2%）
製造業	2万3922人（20.2%）
商業	1万5359人（12.9%）
運輸交通業	1万355人（8.7%）
教育・研究業	7404人（6.2%）
金融・広告業	5682人（4.8%）
その他	3万1977人（26.9%）

　次に，対象となった労働者数を業種別にみた数値が**図表8**です。業種別では一番多かった製造業は，人数でみると2番目に多い業種となっています。人数別で一番多いのは保健衛生業となっています。介護事業や病院の看護師など，

24時間勤務なども多い職種のため，そうした事情が影響しているものと考えられます。

2　未払残業代請求のきっかけ

　従業員が未払残業代を企業に対して求めてくる方法については，いくつかあります。大きく分けると，従業員として在籍している間に求めてくるケースと退職してから残業代の支払いを求めてくるケースに分けられます。

　このうち，企業に在籍しつつ残業代が未払いであると請求するケースは，それほど数は多くないというのが筆者の印象です。残業代請求というのは，実際に未払いが生じているのであれば，従業員にとって，もちろん正当な権利になるわけですが，他方で，請求をしていくなかで当然企業との利害対立が生じますし，周りの従業員の目というのもあります。そのため，従業員にとって，在籍しながら残業代を請求するというのは，かなりの心理的な負荷がかかりますし，解決後も円満にそのまま在籍して仕事を続けることも困難が伴います。そのため，未払残業代の請求は退職後になされることが多いといえます。

　なお，在職中に残業代の請求を行う場合には，従業員が労基署に相談して，労基署が申告者の従業員のことを秘匿し，企業に調査をして，事業場の従業員全体の未払賃金を是正するという方法が選択されるケースが取られることもあれば，企業内あるいは外部の合同労組といった労働組合に加入して，組合を通じて請求するという方法もあり得ます。労基署対応については，**6**で後述します。

　多くの中小企業の労働相談を受けていると，退職後の請求には，一定の傾向が見受けられます。それは，退職をめぐって，従業員とトラブルになっていたり，トラブルに至らなくても何かしらのしこりが残っていることが多いということです。円満退職の場合には，急に反旗を翻して未払残業代を請求するというのはあまり多くありません。上司や管理職の方のなかにも，退職にあたって，この従業員は「辞め方がよくないな」と思った経験がある人も多くいらっしゃ

ると思います。辞め方がよくないと，従業員が不満を溜めてしまい，それが未
払残業代の請求につながるということになりやすいのです。

　実際，企業の対応に対する不満から従業員が弁護士に相談し，その相談のな
かで残業代を請求できるのではないかと指摘されるということもあります。例
えば，ハラスメントに対する相談が従業員にとっての主な相談であったが，事
情を話していくと，残業代も請求できそうということで，慰謝料と残業代をそ
れぞれ企業に請求してくるといったように，残業代＋慰謝料といった形はよく
あります。

　そうすると，企業としては，未払残業代の請求を防ぐという観点からは，従
業員の日頃の労務管理を適切に行うということもやはり大切ということがわか
ります。仮に，未払残業代が一切ないというケースでも，従業員側から請求を
されると，それに対する調査，資料の準備や回答といった労力をとられてしま
うわけですので，請求を受けないに越したことはありません。

　「辞め方がよくないな」と思ったら，のちに未払残業代の請求が来るかもし
れないと少しアンテナを張っておいたほうがよいでしょう。

3　残業代請求の解決までの流れ

　従業員側からの残業代請求の流れとしては，まずは従業員が何らかの形で残
業代が未払いとなっていること，それを支払うよう請求の意思を表明すること
で動き出します。

　この方法として，主に自ら企業に書面を送付する方法，弁護士に依頼して，
弁護士から書面を送付する方法，ユニオンに加入して，団体交渉申入れの議題
として求める方法，労基署に相談して，労基署の調査を促す方法があります
（**図表9**）。

〔図表9　残業代請求の主な方法〕

- ・従業員が自ら企業に書面を送付する
- ・弁護士に依頼して，弁護士から書面を送付する
- ・労働組合に加入して，団体交渉申入れの議題に残業代を盛り込む
- ・労基署に相談して，労基署の調査を促す

　このうち，従業員自ら書面を送付する方法，弁護士に依頼して，弁護士から書面を送付する方法の場合，企業に対して，内容証明郵便という方式の郵便で書類が届くのが一般的です。未払残業代の時効期間は今回3年間に延長されますが，その起算点というのは，本来の給与支払日となります。例えば，毎月末締め，翌月20日払いの企業であれば，2020年4月1日の時点で，2018年3月20日に支払われる賃金の対象期間（2017年2月1日～2017年2月末）は旧法の2年間の時効期間を経過しているため，時効が成立します。そうすると，残業代の請求をしても解決までに一定の時間が経過するため，古い期間のものから順に時効が成立していくことになってしまいます。

　そこで，時効の成立を中断するためには，内容証明郵便で意思表示をすることが必要になるのです。内容証明郵便を送付しておけば，半年以内に解決するか，解決しない場合でも後述する労働審判や訴訟を提起すれば，時効の中断が有効になるのです。こうした時効に関するルールから，いわゆる示談交渉の期間は通常半年以内が目安となります。内容証明郵便の文例としては，237頁の**書式12**のようなものになります。

　次に，労働組合に加入した場合の流れについて，解説していきます。労働組合とは，労働組合法に基づいて労働者の地位向上を主な目的として結成される団体で，大きく分けて，企業内の従業員で構成される企業内組合と労働者であれば誰でも加入することができる企業横断的な労働組合（合同労組，ユニオン）があります。大企業であれば，従業員数も多いため，企業内組合があることも多いですが，中小企業の場合，企業内で組合を結成していることはほとんどありません。そこで，多くのケースでは，悩みをもつ従業員が合同労組，ユニオンに相談し，そのまま加入して企業に対して交渉を持ちかけるということになります。

　従業員がユニオンに加入すると，239頁の**書式13**のような組合加入通知書というものが届きます。この書面には，従業員が組合に加入したこと，不当な取扱いは法令違反となる旨の警告文が記されていることが通常です。中小企業の多くが，このような書面を受け取ったことがないため，非常に戸惑うことが多いです。文面には，「○○ユニオン××支部」という記載があり，「××支部」の部分は企業名が入ります。企業としては，自社の支部が突然作られたことに驚くのです。こうした書類が届いた場合は，まず**書式13**に記載してあるユニオン名をインターネットで検索し，情報を得ることが有益です。ユニオンのなかには，SNSを利用して組合活動の情報発信をしていることもあるので，どのような団体であるかを把握する資料となるだけでなく，今後自社における活動も掲載されることが予想されるという心構えをもつことができます。

　そして，組合加入通知書と同時に団体交渉申入書（**書式14**）という書面が一緒に送付されてくるのが通常です。要求事項がないのに組合に加入するということは中小企業ではほとんどありません。

　企業は，組合から申し入れられた団体交渉について，正当な理由がない限り，これを拒むことはできません。団体交渉を拒否することは，不当労働行為に該当することになります。仮に，申入れの段階で従業員が退職していた場合でも，「すでに退職しているから」という理由で団体交渉を拒否することはできません。そのため，退職した従業員が組合に加入し，団体交渉の申入れがなされた場合には，適切に対応しなければなりません。なお，団体交渉に応じる義務がある＝従業員の要求事項に応じなければならないというわけではありません。申入れに対して話し合いのテーブルにつくことは要求されますが，要求事項に対しては，理由を説明して拒むことも可能です。

　こうした労働組合に対する対応は，多くの中小企業の経営者，人事担当者にとって，経験のないことで，給与計算などを行う社労士も代理権を有していないとして，組合から交渉の窓口となることを拒まれることもあります。そのため，労働組合から書面が届いた場合には，労務トラブルを取り扱う弁護士に相談，依頼してサポートを受けた方がよいでしょう。組合対応についての詳細は，拙著『ユニオン・合同労組への法的対応の実務』（中央経済社，共著）をご覧ください。

　これまで解説してきた，いわゆる裁判手続以外の交渉において，互いにどのような理由で残業代を請求しているのか（未払いはないと拒むのか），未払いを裏付ける証拠（残業をしたことや残業代の支払いがないこと）あるいは未払いがないことを裏付ける証拠をどこまで開示するかどうかといった検討をしたうえで，交渉を進めていくことになります。

　この段階で合意が成立すれば，示談となりますし，決裂すれば，通常は支払いを求める従業員側が労働審判か訴訟を選択して，申立てを行うという流れになります。

〔書式12　内容証明郵便のサンプル〕

令和2年4月1日

〒〇〇〇-〇〇〇〇
福岡県・・・・
株式会社〇〇〇〇　御中

〒〇〇〇-〇〇〇〇
福岡県・・・・
〇〇　〇〇
TEL　090—〇〇〇〇—〇〇〇〇

通知書

前略
　私は平成20年4月1日に貴社に入社して以降，令和2年3月末まで貴社で勤務を行ってまいりました。
　勤務している間，私は業務処理のために，毎日始業時間の1時間前の午前8時には出社し業務を行っていました。そして，終業時間に終わりきれない業務についても，毎日1時間程度残業しておりました。

　しかしながら，この私の残業について，貴社から残業代が支払われておりませんでした。在職中はなかなか言いづらかったこともあり，請求を控えておりましたが，貴社を退社して，やはり残業代を支払ってもらえないのは不当だと思い至りました。

　私の給与はこの2年間，月額25万円でしたので，1時間当たりの賃金額は25万円÷160時間×1.25＝1953円になります。1日2時間×23日＝46時間の残業が1か月に少なくともありましたので，1953円×46時間×24か月＝215万6112円が未払いということになります。

　つきましては，本書面をもって，215万6112円の支払を求めます。本書面到達後2週間以内に，下記の口座に振り込む方法によりお支払いください。

　なお，仮に期限内にお支払いいただけなかった場合には，年14.6％の遅延損害金も含めて，裁判所に法的な手続を申し立てるつもりでいます。

　貴社におかれましては誠実にご対応いただくよう要請いたします。

草々

記

　○○銀行　○○支店　普通　○○○○○○○

　口座名義人　○○ ○○

以上

〔書式13　労働組合加入通知書〕

令和2年4月3日

○○ユニオン発第○号

Y株式会社

代表取締役○○殿

○○ユニオン

執行委員長　○○　○○

書　記　長　○○　○○

○○ユニオンY支部

支　部　長　A

労働組合加入通知

　貴社におかれましては益々ご清栄のことと存じます。さて，○○ユニオンは，憲法で定められた労働三権に基づく，労働組合法により結成された労働組合です。このたび，貴社に在籍していたA氏が当労働組合に加入しましたので，通知致します。これに伴い，○○ユニオンY支部を結成いたしました。

　なお，貴社が，当労働組合員に対して不利益な取扱いを行うこと，団体交渉の申入れを拒否することなどは不当労働行為として労働組合法上禁止されておりますので，くれぐれもそのような行為をされないよう通知いたします。

記

1　組合の名称　　○○ユニオンY支部

2　結成年月日　　令和2年4月1日

3　役員体制　　　執行委員長　○○　○○

執行副委員長　○○　○○

書記長　○○　○○

支部長　A

以上

〔書式14　団体交渉申入書〕

令和2年4月3日

○○ユニオン発第○号

Y株式会社

代表取締役○○殿

○○ユニオン

執行委員長　　○○　　○○

執行書記長　　○○　　○○

団体交渉申入書

　○○ユニオンは，貴社に対して，下記のとおり団体交渉を申し入れます。つきましては，貴社は当組合の申入れに誠実に対応するよう要請いたします。

　なお，回答は令和2年4月8日（水）までにお願いします。

記

1　団体交渉日時

　　令和2年4月10日（金）午後5時から

2　場所

　　○○ユニオン会議室

3　要求事項

　　・過去の未払い残業代を支払うこと

　　・非正規社員を正規社員として採用すること

　　・就業規則，賃金規定，三六協定を提出すること

　　・その他

4　連絡先

　　住所　〒○○○○　福岡市○区○○○－○○－○　○○ユニオン

　　電話　092－○○○－○○○○　FAX　092－○○○－○○○○

　　担当者　書記長○○○○

以上

4　労働審判

　労働審判とは，通常の裁判手続と異なり，簡易迅速な解決を図るべく用意された手続です。そのため，労働審判の期日は，裁判（訴訟）と異なり，回数の目安が決まっています。具体的には，原則として3回以内の期日で手続を終えることになっており，1回目の期日で終了するということも多くあります。

　労働審判の流れですが，労働審判申立書と証拠書類を申立人側で作成し，裁判所に提出します。通常は，従業員側が申立人になります。裁判所は申立書類の不備などをチェックし，1回目の期日を（裁判所によっては2回目の期日も）決定して，相手方（通常は企業側）に申立書と証拠書類を送付します。この点，1回目の期日は申立てがあってから原則40日以内に行うということになっています。

　そのため，相手方になることの多い企業側は，労働審判の申立てがあると，短期間の間に準備のため，時間と労力をかなり費やすことになります。なぜなら，労働審判は通常の裁判（訴訟）と異なり，第1回目の期日から，時間をかけて（1回2時間程度）審理を行うため，企業側の主張や証拠については，第1回期日の前までにひととおり提出しておくことが求められるためです。

　労働審判では，3名の労働審判委員が労働審判委員会を構成し，審理を行います。1名は裁判官，1名が労働者側の審判委員（労働組合の役員等），1名が企業側の審判委員（経営者等）という構成です。3名の労働審判委員が事前に申立書と答弁書，証拠書類を検討し，そのうえで，第1回期日で当事者双方に質問を投げかけ，事実確認がなされていきます。そのため，通常の裁判（訴訟）と異なり，労働審判には弁護士だけでなく，代表者や担当者も出席していただく必要があります。事実確認がなされたのちに，審判委員が合議のうえ，互いに話し合いでの解決が可能かどうかを確認し，解決を図ります。

　当事者間で合意ができれば調停が成立となりますが，3回の期日でも合意ができなければ，審判委員が期日での双方の聞き取りを踏まえて，審判を出します。審判は確定判決と同一の効力が認められるため，異議を申し立てなければ，

事件は終結します。仮に，審判に対してどちらかが異議を申し立てると，審判は効力を失い，通常の裁判（訴訟）手続へと移行することになります。

　労働審判は上述のとおり，通常の裁判と異なり短い期間で解決を図る手続のため比較的選択される手続です。**図表10**のとおり，毎年3000件ほどの申立てがなされています。

〔図表10　労働審判の新受件数（2015年〜2017年　弁護士白書より）〕

年	新受件数
2015年	3679件
2016年	3392件
2017年	3526件

　それぞれの申立てのうち，毎年1500件程度が賃金に関するものとなっており，その多くが残業代と考えられます（**図表11**）。

〔図表11　労働審判の事件種類（賃金等の金銭請求）（2015年〜2017年　弁護士白書より）〕

年	新受件数
2015年	1559件
2016年	1393件
2017年	1353件

　労働審判がどのような形で終結しているかについてですが，実に70%ほどは当事者の合意による調停成立となっており，審判での終了は15%ほどとなっています（**図表12**）。

〔図表12　労働審判の終局事由（2017年　弁護士白書）〕

終結事由	件　数
調停	2421件（71.8%）
労働審判	487件（14.4%）
取下げ	264件（7.8%）

5　裁判（訴訟）

　労働審判でも解決できなかった場合や従業員側が労働審判を選択しなかった場合には，裁判（訴訟）になります。裁判（訴訟）も労働審判と同様に，まずは訴状を原告が裁判所に提出することで手続が開始します。

　訴状が裁判所で受付されると，1か月後程度を第1回期日と指定して，被告へ送付されます。労働審判と異なり，第1回期日には，答弁書を提出すれば欠席することが可能です。また，答弁書の内容も，「原告の請求を棄却する」という請求の趣旨に対する答弁さえ最低限しておけば，手続的には問題ありません。

　裁判（訴訟）は，毎月1回程度の頻度で進行しますが，互いに期日の前に準備書面と証拠を提出して，期日では提出した書類を前提に20分程度の期日が行われます。こうした期日の出頭は，弁護士に依頼すれば，弁護士のみが出席することで足り，企業側で代表者や担当者の出席は不要です。

　期日を重ねることで，互いの主張が相違している点＝争点を整理していき，関係者の聞き取りを行い，最終的に判決が出されるという流れで進んでいきます。関係者の聞き取りは，尋問手続（当事者尋問，証人尋問）という形で行われます。テレビドラマで流れる法廷シーンのイメージです。

　裁判においては，労働審判と異なって回数の目安は決まっておらず，事件の内容と互いの主張状況を整理して，裁判官が訴訟指揮をとり，適宜和解案を出すかどうか，出すとしてどのタイミングなのかという点を検討しています。

　一般的には1年間近い期間を要するため，解決までにはかなりの期間がかかるとみておいた方がよいでしょう。このとき，企業側が注意しなければならないのが付加金（労基法114条）と遅延利息というものです。

　付加金とは，残業代の不払いに対するペナルティというイメージです。例えば，裁判の結果，200万円の残業代の不払いがあると認定された場合，裁判所は，企業側に同額のペナルティを課すことができることとなっています。つまり，付加金を支払うように命じられると，企業は従業員に対して，200万円

（本来の未払い）＋200万円（付加金）の合計400万円の支払いを義務付けられ
ることになります。付加金が認められるケースは，残業代の不払いについて企
業側に一定程度の落ち度，悪質性が認められる場合が多いですが，裁判手続で
は労働審判と異なり，認められやすくなります。付加金が認められると企業側
の負担が倍になるリスクがありますので，訴訟の進行については，この点も考
慮して進めていくことが必要です。

　もう1点が遅延利息です。これは，本来支払わなければならない時点から実
際に支払われるまでの間に認められるもので，退職前であれば年3％，退職後
であれば年14.6％の割合になります（賃確法6条）。仮に，退職した従業員に対
して，200万円の未払残業代があり，1年間の裁判を経て決定した場合，遅延
利息だけで，29万2000円になります。

　企業としては，こうした点も考慮して，裁判（訴訟）に至る前に解決するこ
とも含めて対応を進めていかなければなりません。また，残業代請求の特徴と
して，従業員が複数名で手続を進めてくることも多くあり，5名などから同時
に裁判を提起されるということもあるので，注意が必要です。これまで解説し
てきた点を踏まえて，日頃から労務管理をおろそかにしないことがいかに大切
かということです。

6　労基署の監督

　これまで解説してきた流れは個別の従業員に対する未払残業代請求に関する
ものでしたが，同じく未払残業代への対応を求められる手続として労基署の監
督というものがあります。

　労基署は，企業が労働法令に違反しないように取締りを行い，必要に応じて
指導や勧告，悪質な事案については警察と同じく捜査権限を有する行政機関で
す。残業代の未払いも労基法をはじめとする労働法令に違反する行為ですので，
労基署の所管事項に含まれています。

　労基署は，毎年作成される重点目標に基づいて定期的に企業をピックアップ

して調査を行う定期監督と従業員や関係者からの申告に基づいて調査を行う申告監督という方法により，企業に調査を行っています。残業代の不払いに関しては，平成31年度（令和元年度）も重点事項に記載されています。

　具体的には，「依然として賃金不払残業の実態が認められるが，いかなる経営環境においても，労働時間管理が適切に行われ，それに基づいた適正な割増賃金等が支払われる必要がある。このため，「労働時間の適正な把握のために使用者が講ずべき措置に関するガイドライン」を周知徹底し，監督指導において当該ガイドラインに基づいて労働時間管理が行われているか確認するとともに，「賃金不払残業総合対策要綱」（平成15・5・23基発0523003号）に基づき総合的な対策を推進する。また，重大又は悪質な事案に対しては，司法処分を含め厳正に対処する。」と明記されており（平成31年度地方労働行政運営方針），悪質な事案については，刑事処分も辞さないとされています。加えて，働き方改革関連法が施行されて一定期間が経過するため，過労死ラインである1か月当たり80時間の時間外労働がある企業は重点的に調査を行うこととされていますので，該当する企業は非常に注意が必要で，早急な対応が必要です。

　申告監督については，従業員が残業代の未払いの事実を相談することで，労基署が調査を行うかどうか決定します。調査を開始する場合，**書式15**のような通知書が届くことがあります。他方で，書類を送付せずに抜き打ちで調査のために事業場に労基署の監督官が来訪することもあります。これは，事前に通知すると，書類の編集や破棄などがなされるおそれがあると判断した場合に行われます。

　労基署から調査の連絡が来た場合，企業は当該調査を拒むことはできません。残業代の未払いに関する調査に関しては，通常，事業場の賃金台帳と従業員の就労状況を示す資料（タイムカードや日報等），給与条件を示す雇用契約書といった資料を提出します。企業としては，資料開示のタイミングで自社の認識や主張を整理し，監督官に伝えておくことが求められます。

　調査のうえで，労基署が未払いの事実を確認した場合，時効の期間である2年間全部という形ではなく半年程度に区切って，企業に対して是正勧告を行うことにより，支払いを求めます。このとき，支払いを求められるのは，特定の一人に対してではなく，事業場の全従業員に対してになるのが通常です。企業

としては，是正報告書を提出しなければならず，是正勧告に従わなければ，最悪のケースでは，刑事処分を受ける可能性もあるため，適切に対応していく必要があります。

　労基署対応については，給与計算を依頼している社労士や弁護士に依頼をしてサポートを受けていくことが適切な対応のために大切なポイントになってきます。労基署対応の詳細については，拙著『Q＆A労基署調査への法的対応の実務』（中央経済社，共著）もあわせてご参照ください。

〔書式15　申告監督による臨検書類〕

令和○年○月○日

（株）○○

代表取締役　殿

○○労働基準監督署長

臨　検　通　知

　下記のとおり貴事業場を臨検することになりましたので，通知いたします。

記

1　日時　令和○年○月○日（○）午前○時〜（所要時間約90分）

2　場所　貴事業場

3　担当者　労働基準監督官○○

4　臨検の理由

　貴事業場の労働者から，労働基準法違反にかかる申告がなされたため

5　確認事項

　賃金の支払状況について

6　ご準備いただくもの

　（1）雇用契約書及び労働条件通知書

　（2）賃金台帳，労働者に交付した給与明細書

　（3）タイムカードといった労働時間に関する資料

　（4）就業規則，給与規定

　（5）時間外労働，休日労働に関する労使協定届

　なお，調査状況によっては，上記以外にも資料の提出を求める場合もあります。

索　引

〔著者紹介（執筆順)〕

勝木　萌（かつき　もえ）
　担当：第1編Ⅰ〜Ⅲ
　弁護士法人デイライト法律事務所　弁護士
　福岡県弁護士会所属
　メンタルケア心理士®

竹下　龍之介（たけした　りゅうのすけ）
　担当：第1編Ⅳ〜Ⅴ，「コロナと休業」
　弁護士法人デイライト法律事務所　弁護士
　福岡県弁護士会所属
　ハラスメントの問題を中心に，企業側の労働問題を多く取り扱う。
　労働問題に関する著書として「Q＆Aユニオン・合同労組への法的対応の実務」（共
　著　中央経済社）がある。

鈴木　啓太（すずきけいた）
　担当：第1編Ⅵ，第2編，第3編
　弁護士法人デイライト法律事務所　弁護士
　福岡県弁護士会所属
　主たる取り扱い分野は，企業側の労働問題を多く扱い，団体交渉などのユニオン
　対応も行う。
　著書に「Q＆Aユニオン・合同労組への法的対応の実務」（共著　中央経済社)，「Q
　＆A労基署調査への法的対応の実務」（共著　中央経済社)，「働き方改革実現の労
　務管理」（共著　中央経済社）がある。

西村　裕一（にしむら　ゆういち）
　担当：第4編
　弁護士法人デイライト法律事務所　弁護士
　福岡県弁護士会労働法制委員会所属　福岡県出身
　地元である北九州市で企業側の労働問題を注力分野とする。また，FMラジオ局で
　ラジオパーソナリティも務める。主な著書に「働き方改革実現の労務管理」（共著
　中央経済社)，「外国人雇用の労務管理と社会保険」（共著　中央経済社）などがある。

労働時間管理の法的対応と実務
未払残業代発生防止のリスクマネジメント

2021年5月1日　第1版第1刷発行

著　者　西村　裕一
　　　　鈴木　啓太
　　　　竹下　龍之介
　　　　勝木　萌継

発行者　山本　継

発行所　㈱中央経済社

発売元　㈱中央経済グループ
　　　　パブリッシング

〒101-0051　東京都千代田区神田神保町1-31-2
電話　03 (3293) 3371（編集代表）
　　　03 (3293) 3381（営業代表）
https://www.chuokeizai.co.jp

印刷／三英印刷㈱
製本／㈲井上製本所

© 2021
Printed in Japan

日本組織内弁護士協会〔監修〕

「Q&Aでわかる 業種別法務」シリーズ

Point

- ・法務の現場で問題となるシチュエーションを中心にQ&Aを設定
- ・執筆者が自身の経験をふまえて,「実務に役立つ」視点から解説
- ・参考文献・関連ウェブサイトを随所で紹介。 本書を足がかりに, さらに理解を深めるための情報を提供しています。

銀 行

桑原 秀介・西原 一幸〔編〕
A5判・280頁・3,200円＋税

不動産

河井 耕治・永盛 雅子〔編〕
A5判・284頁・3,200円＋税

自治体

幸田 宏・加登屋 毅〔編〕
A5判・280頁・3,200円＋税

医薬品・医療機器

岩本 竜悟〔編集代表〕
平泉 真理・水口 美穂・三村 まり子・若林 智美〔編〕
A5判・296頁・3,300円＋税

証券・資産運用

榊 哲道〔編〕
A5判・252頁・3,200円＋税

製 造

髙橋 直子・春山 俊英・岩田 浩〔編〕
A5判・280頁・3,200円＋税

学 校

河野 敬介・神内 聡〔編〕
A5判・304頁・3,200円＋税

中央経済社